W9-BYB-385

15⁰⁰

NUEVAS ALTURAS

Heinle & Heinle Publishers, Inc.
Boston, Massachusetts 02116 U.S.A.

NUEVAS ALTURAS

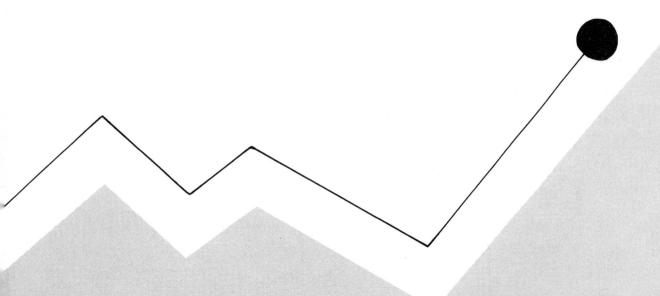

ANGELA
LABARCA
UNIVERSITY OF DELAWARE

JAMES M.
HENDRICKSON
LANSING COMMUNITY COLLEGE

Publisher: Stanley J. Galek
Editorial Director: Kristin Swanson
Production Editors: Vivian Novo MacDonald
                                    Mary Lemire
Production Manager: Erek Smith
Production Coordinator: Patricia Jalbert
Internal and Cover Design: Judy Poe
Art Director: Len Shalansky
Illustrator: Lee Gorman Smith
Cover painting: *Salsa para ti* by Ibsen Espada, courtesy of The Corcoran Gallery of Art, Larissa Curtis collection.

Copyright © 1988 by Heinle & Heinle Publishers, Inc.
All rights reserved. No parts of this publication may be reproduced or transmitted in any form or by any means, electronic, or mechanical, including photocopy, recording, or any information storage and retrieval system, without permission in writing from the publisher.

Manufactured in the United States of America.
ISBN 0-8384-1585-7

10 9 8 7 6 5 4 3 2 1

Para todos nuestros alumnos que participaron en
las actividades que forman este texto

PREFACE

Nuevas alturas is a low- to high-intermediate Spanish reader designed to accompany the *Nuevas dimensiones* program or to supplement your Spanish program wherever reading is emphasized. Its primary goals are to help students to continue developing and practicing their reading skills in Spanish, to provide abundant opportunities to further develop their conversation and writing proficiency in Spanish, and to learn more about Hispanic culture. All reading selections in *Nuevas alturas* are authentic materials—articles from newspapers and magazines, literary pieces and realia. All the reading texts in *Nuevas alturas* were written **by** native speakers **for** native readers. Because these reading selections are actual products of Hispanic culture, they give students a completely authentic view of the language and the people who speak it. These selections stress the authenticity of the language above all else, in dramatic contrast to other texts which use author-generated texts to practice vocabulary and grammar. The authors of *Nuevas alturas* focus on teaching students strategies to help them approach and understand these readings, which exemplify the kinds of materials they will encounter in Hispanic culture.

Organization

The reader contains ten chapters, each of which matches the title and theme of the ten chapters in the textbook *Nuevas dimensiones* and its workbook/laboratory manual. Each chapter is divided into five major sections, indicated below by Roman numerals.

I "Antes de leer" provides several prereading activities keyed to the chapter's individual readings. These strategies help students acquire and practice effective reading strategies and to expose them to information that will help them to better understand and appreciate the ideas expressed in the "Lectura."

II "Lectura" contains one or more authentic readings taken from a selection of journalistic articles, literary works, and cultural realia— all written for native readers of Spanish but of interest to North American students. The readings comprise selections from recently published Spanish-language magazines and cultural realia (for example, announcements, advertisements, letters, signs, schedules, menus, food labels, recipes) as well as descriptions, short stories, and poems written by well-known Hispanic writers. Marginal glosses, line drawings, and captioned photographs help students understand and enjoy each "Lectura."

III "¿Comprendió bien?" presents one or more exercises that help students understand, analyze, and think about the information they read in the "Lectura." Varied formats are used to enhance the students' practice of reading strategies and global comprehension.

IV "¡A practicar!" helps students use the themes and topics of the "Lectura" to practice their conversational and writing skills. Abundant exercises and activities are presented to **encourage** students to improve their proficiency in reading comprehension, conversation and writing. A variety of activity formats are used to inspire students to express their personal impressions and opinions in creative and productive ways.

V "Vocabulario" lists new words and phrases introduced in the chapter. This list organizes the vocabulary into alphabetized grammatical groupings (for example, "Sustantivos") and idiomatic expressions.

Your comments are important to us.

Let us know what you think about the *Nuevas dimensiones* program. The most important information we receive about our textbooks comes from teachers who are using the materials in the classroom on a daily basis. We value your comments and suggestions about the *Nuevas dimensiones* program. Please send them to us, care of Heinle and Heinle Publishers, 20 Park Plaza, Boston, Massachusetts, 02116, or call toll-free, 1-800-237-0053. Your ideas make a difference!

Angela Labarca   James M. Hendrickson
University of Delaware   Lansing Community College

Desk copy information:

Be sure to request each of the following *Nuevas dimensiones* components that are available free upon adoption:

- *Nuevas dimensiones* student text/tape package
- Instructor's manual/student tape tapescript
- *Nuevas alturas* reader

If you use the laboratory program, you will receive upon request:

- Workbook/laboratory manual
- Laboratory tape program (for duplication)
- Tapescript for laboratory tape program

Also available for instructors to purchase:

- "Spanish from Within" videotape (with complimentary copies of the viewer's guide and instructor's manual/tapescript)

Your students will be able to purchase:

- *Nuevas dimensiones* student text/tape package
- *Nuevas alturas* reader
- Workbook/laboratory manual
- Viewers guide to "Spanish from Within" videotape
- Laboratory tape program (when ten or more are ordered)

ACKNOWLEDGEMENTS

We would like to express our sincere appreciation to the many people who have contributed to the successful completion of this project. First and foremost, we thank Kris Swanson, our developmental editor, who provided bountiful amounts of professional guidance and moral support through all stages of production. Second and not less, we thank Vivian Novo MacDonald and Mary Lemire, our production editors, whose meticulous work has resulted in a product of extremely high quality. Thanks, also, to Marisa French, who helped with many important matters during the production process.

We extend our thanks to our superb copyeditor, Jane Wall-Meinike, who edited our manuscript into the preproduction copy. Thanks to our skilled native reader, Carlos Luna, who proofed the edited manuscript for linguistic accuracy and cultural appropriateness.

Our appreciation is extended to other individuals whose important work made this project a reality: Stan Galek, Len Shalansky, Lee Gorman Smith, Judy Poe, Janet Dracksdorf, and Paula DiCamillo.

Finally, we are grateful to publish this project with Heinle & Heinle Publishers—a company that really does live up to its motto: "Setting the Pace . . ."

Angela Labarca   James M. Hendrickson

CONTENTS

3

¿Vivir para comer o comer para vivir?

4

¿Vivir o sobrevivir en la ciudad?

5

¡A pasarlo bien!

6

De compras en el centro

7

¿Quieres salir conmigo?

8

¡Con la salud no se juega!

9

Vacaciones en grande

10

¡Estás en tu casa!

Hacer amigos es tan fácil

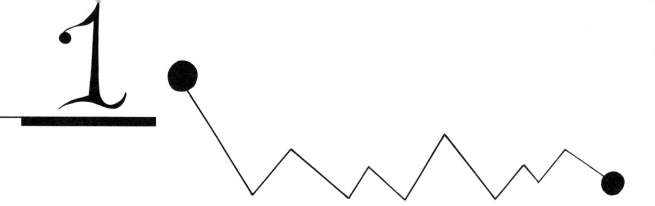

UNDER-STANDING MEANING FROM COGNATES

Cognates are words that look alike and mean approximately the same thing in two or more languages. Your ability to recognize them will help you read more efficiently in Spanish.

Can you guess the meanings of the following cognates?

adulto	cursos especiales	indicar	objeto
manual	secretaria bilingüe	necesario	ideas
comercial	laboratorio de	ciudad	comprender
promoción	idiomas	carrera	interés

Some cognates are **false cognates** because, although the words look alike, they mean something different in each language.

lectura = reading, *not* lecture   alumno = student, *not* alumni
idioma = language, *not* idiom   colegio = high school, *not* college
facultad = college, *not* faculty   grado = degree, *not* grade

Ahora lea los siguientes anuncios e identifique los cognados.

CENTRO UNIVERSITARIO
DE IDIOMAS, S.C.
DR. GALVEZ No. 38, MEXICO 20, D.F., SAN ANGEL,
TEL. 550-38-08

INGLES

- jóvenes y adultos
- universitarios y profesionistas
- secretarias bilingües
- clases particulares a empresas

Ofrecemos:

- horario de 7 a 21 hrs. y sábados
- laboratorio de idiomas
- técnicas modernas de aprendizaje
- profesores capacitados

Iniciamos cursos trimestralmente

Reg. S.E.P. 206-1-13390
Reg. U.C.E.C.A. 9CCVI-09040013

1. ¿Qué edades tienen los alumnos del centro de idiomas aproximadamente?
2. ¿Qué posibilidades ofrece el centro para la gente que estudia o trabaja durante el día?
3. ¿Cada cuánto tiempo se inician nuevos cursos en el centro?

¿Comprendió bien?

Aquí tiene Ud. la descripción de una carrera universitaria. Lea la información que aparece en este anuncio.

MASTER en DIRECCION y ADMINISTRACION de EMPRESAS (EXECUTIVE MBA)
CURSO ACADEMICO 86/87
SESION INFORMATIVA

Día 19 de Junio, a las 19.30 horas, en la sede del Instituto de Empresa.

Dirigido a profesionales con experiencia directiva superior a tres años.

- Proporciona un conocimiento práctico, profundo y sólido de los métodos y técnicas de dirección.
- La metodología docente permite el intercambio de experiencias con profesionales de otras empresas y sectores.
- El Executive MBA del Instituto de Empresa es un programa de amplia tradición y prestigio, que desarrolla un perfecto reciclaje para cualquier profesional con responsabilidades directivas y/o funcionales.
- **Duración: Octubre 1986 - Junio 1987**
- **Asistencia: dos días por semana, de 18.00 a 22.00 horas**

Los interesados pueden solicitar información detallada. Rogamos confirmen su asistencia, a la **Dirección de Cursos del Instituto de Empresa en Madrid. Teléfonos 262 81 00/96 00 - 411 65 11/94**

 INSTITUTO DE EMPRESA

c/. María de Molina, 13 y 15. 28006 MADRID.

---

1. ¿Es ésta una universidad o un instituto particular? ¿Para qué carrera es este anuncio comercial?
2. ¿Cuánto dura esta carrera?
3. ¿Es necesario asistir a clase durante el día?
4. Nombre al menos dos pre-requisitos.
5. ¿A qué número se puede llamar para pedir las solicitudes (*applications*) de admisión?
6. ¿En qué ciudad está situada esta escuela profesional?

¿Comprendió bien?

Ahora, lea el anuncio otra vez y fíjese en la gran cantidad de cognados aquí.

¿Comprendió bien?

1. Haga una lista de las palabras que no puede comprender.
2. Hay algunas palabras que no están en español; ¿le ayudaron a comprender el anuncio?
3. ¿Qué ventajas les ofrece el Instituto a los alumnos?
4. Lea la dirección del Instituto y diga dónde se pone el código postal en este país. ¿Cómo se escriben los números de teléfono?
5. ¿Dónde se pone el número de la calle en una dirección en español?

A la derecha tiene Ud. una descripción de una carrera de la Facultad de Administración y Economía de la Universidad de Santiago de Chile. Léala y haga el ejercicio de comprensión.

¿Comprendió bien?

Vea si el siguiente resumen está correcto o no. Corríjalo si es necesario.

1. Ésta es una carrera semi-profesional de esta facultad.
2. Al graduarse, los estudiantes pueden trabajar administrando sistemas de información en una empresa o compañía.
3. La carrera dura cuatro años.
4. Los graduados pueden trabajar en contabilidad o auditoría.
5. Se indica la dirección para conseguir más información.

Haga una lista de las palabras que aprendió contestando estas preguntas.

Facultad de Administración y Economía

CONTADOR PUBLICO Y AUDITOR

Descripción de la Carrera:
La carrera tiene por objetivo formar un profesional de alto nivel, apto para desempeñarse en el diseño o administración de sistemas de información para las empresas. Esto es, que sea capaz de crear, planificar, organizar, ejecutar y controlar estos sistemas.

Duración de los Estudios:
8 semestres, diurno; 9 semestres, vespertino.

Régimen de Estudios:
Régimen de estudio semestral con horarios diurno y vespertino.

Título Profesional:
Contador Público y Auditor

Campo Ocupacional:
Las especialidades en que reconocidamente actúa este profesional en las empresas públicas y privadas son: Contabilidad General, Contabilidad de Costos, Auditoría, Contraloría, Finanzas, Organización y Diseños de Sistemas de Información en medios manuales, mecánicos, electromecánicos y electrónicos. También puede formar parte de equipos multidisciplinarios en especialidades tales como Asesoría Tributaria, Asesoría Laboral, Auditoría Operativa, Auditoría Socioeconómica, Peritaje.

Informaciones Generales:
Universidad de Santiago de Chile, Facultad de Administración y Economía, Matucana 28-D, Sector Oriente, teléfono 761184.

INGENIERIA COMERCIAL

Descripción de la Carrera:
El cumplimiento del curriculum de esta carrera capacita al profesional para colaborar activamente en la gestión y desarrollo de la empresa. Su formacion permite comprender el cambio en el entorno de las empresas y adecuar las diversas funciones de ella a los requerimientos del medio social y económico.

Duración de los Estudios:
10 semestres.

Régimen de Estudios:
Semestral.

Plan de Estudios:
Comprende las areas de Administración, Economía, Matemáticas, Ciencias Sociales.

Grado Académico:
Licenciado en Ciencias de la Administración de Empresas.

Título Profesional:
Ingeniero Comercial en la especialidad de Administración de Empresas.

Campo Ocupacional:
Este profesional está capacitado para desempeñar funciones directivas, ejecutivas, asesoras u operativas en organizaciones públicas o privadas en el campo de las finanzas, la gestión de empresas, la comercializacion, la evaluacion de proyectos y la administración de personal.

Informaciones Generales:
Facultad de Administración y Economía, Matucana 28-D, Sector Oriente, telefono 761184.

Facultad de Ciencia

LICENCIATURA EN BIOQUIMICA

Descripción de la Carrera:
Prepara profesionales calificados en quimica biologica para desempeñarse creativamente en laboratorios experimentales de caracter analitico y de producción industrial, ademas de habilitar para el apoyo de la realización de investigaciones científicas y tecnológicas. También constituye la base para la obtencion de futuros grados académicos de nivel superior.

Duración de los Estudios:
Diez semestres académicos

Régimen de Estudios:
Semestral, diurno.

Grado Académico:
Licenciado en Bioquímica.

Título Profesional:
Bioquimico.

Campo Ocupacional:
Establecimientos de educación superior, institutos de investigación, industrias quimicas y bioquimicas, empresas de la agroindustria y centros de desarrollo tecnológico.

Informaciones Generales:
Departamento de Quimica, Facultad de Ciencia, Matucana 28-D (interior), Santiago 2, telefono 761382.

¡A PRACTICAR!

A Características personales. Las descripciones de carreras no indican qué características personales deben tener los alumnos que quieran estudiar estas carreras. Trabaje con un(a) compañero(a) y elijan palabras y frases de las siguientes listas para dar las características del (de la) alumno(a) ideal de las siguientes carreras o de otras carreras de interés para Uds. Observen que la mayoría de estas palabras son cognados, pero que algunos cognados son **falsos.**

(poco) estudioso(a)	(poco) cooperador(a)	(poco) amable
(poco) afectuoso(a)	(poco) organizado(a)	(poco) interesante
(poco) ingenioso(a)	(poco) curioso(a)	(poco) confiable
(poco) ambicioso(a)	(poco) hablador(a)	antipático/simpático
pensativo(a)	comunicativo(a)	genial
imaginativo(a)	comprensivo(a)	tranquilo(a)
activo(a)	ejecutivo(a)	(im)paciente
de buen humor	de buena apariencia	(ir)responsable

Carreras

ingeniería en computación	artes	pedagogía	negocios	enfermería
_____	_____	_____	_____	_____
_____	_____	_____	_____	_____
_____	_____	_____	_____	_____
_____	_____	_____	_____	_____
_____	_____	_____	_____	_____

B Querida familia . . . Imagínese que Ud. va a vivir con una familia española por un mes. En su primera carta a la familia, describa su carrera y los cursos que está tomando. Además, hábleles de sus características personales y de sus aspiraciones. Trate de expresarse usando cognados y otras palabras que Ud. ya sabe bien.

C Un buen anuncio. Imagínese que Ud. tiene que escribir un anuncio para un periódico bilingüe de su comunidad. Escriba un anuncio para promover *(promote)* cursos de deportes, artes y artesanía, idiomas, mecánica, uso de microcomputadoras, etc. para niños, adolescentes y/o adultos hispanoamericanos. Use los anuncios de esta sección como modelo.

Affixes are added to words (stems) to create new words. Affixes that are attached at the beginning of word stems are called **prefixes** (e.g., organize, **re**organize); affixes that are added to the end of word stems are called **suffixes** (e.g., organize, organiza**tion**). Recognizing affixes can significantly increase your ability to guess the meaning of words.

PREFIJOS

¿Qué quieren decir las palabras que tienen prefijos? ¿Son también cognados? ¿Cuáles son negativas?

mono-	La mayoría de los secretarios son **mono**lingües.
bi-	Los secretarios **bi**lingües ganan más dinero.
tri-	Los que son **tri**lingües pueden ganar aún más.
des-	Algunos alumnos son bastante **des**organizados.
im-, in-, ir-	Es **in**creíble lo **ir**responsable que es. ¡Es **im**posible!

SUFIJOS

¿Qué quieren decir las palabras que tienen sufijos? ¿Son también cognados? ¿De qué verbos vienen?

-aje	El aprendiz**aje** de idiomas toma bastante tiempo.
-ante	Los alumnos principi**antes** deben aprender mucho vocabulario.
-anza	La enseñ**anza** no es buena cuando no ayuda a ser más proficiente.
-mente	La Universidad de San Marcos de Lima es suma**mente** antigua.
-miento	Algunos estableci**mientos** educativos son antiguos.
-tura	Las asigna**turas** básicas como cálculo y computación exigen poca lec**tura**.
-ción, -sión	La inscrip**ción** está abierta y la admi**sión** se comunicará después.
-dad, -tad	Tengo que llamar a la Facul**tad** de Ciencias de la Universi**dad** Central.
-or, -ora	El instruct**or** llamó a su supervis**ora** porque está enfermo.

¿De qué palabras vienen las palabras con sufijos de este grupo?

-ista	Los period**istas** y profesion**istas** (profesionales) necesitan aprender español.
-ismo	El izquierd**ismo** es típico de los centros estudiantiles.

¿Qué carrera va a tener Ud. en el siglo XXI? ¿Tendrá una profesión que esté en demanda o no? Para encontrar las respuestas a estas preguntas, lea el siguiente artículo sobre las profesiones del futuro.

LOS TRABAJOS
DEL
PRÓXIMO
SIGLO

Esta ingeniera mexicana ya trabaja en el futuro en la planta atómica de Laguna Verde, cerca de Veracruz.

vendedores

shuttles

Comercializadores° de ingeniería genética, controladores de tráfico espacial, médicos en clonación, coordinadores de teleconferencias, guardias de fábricas robotizadas, operadores de rayos láser, diseñadores holográficos, expertos en minería del silicio, geógrafos del espacio, técnicos en fibras ópticas, ingenieros en deportes, reparadores de transbordadores° espaciales, conductores de trenes magnéticos, entrenadores para robots, pintores por computación, especialistas en bioagricultura, mecánicos capacitados para reemplazar órganos humanos, expertos en inteligencia artificial. ¿Le son desconocidos estos nombres?

Si su respuesta es afirmativa, prepárese, porque con toda probabilidad estos nombres van a figurar en las páginas amarillas y en los anuncios de empleo muy pronto: éstas son las profesiones del año 2000, expresiones de la revolución tecnológica que hemos conocido en las últimas décadas.°   *decades*

Esto parece ser un gran cambio, pero no se preocupe, porque éste es el mismo proceso que transformó en obsoletas a muchas ocupaciones que hace menos de medio siglo eran vitales. Nuevas ocupaciones y carreras emergen siempre. Cuando se compara el último diccionario de ocupaciones del Departamento del Trabajo estadounidense, vemos que en relación a 1977 se agregaron más de dos mil nombres de nuevos trabajos y se eliminaron más de tres mil.

En ese mismo país, el sector de la información ocupa más gente que la agricultura y la industria juntas. Más gente trabaja preparando hamburguesas que produciendo acero.° En 1980, el 28 por ciento de la fuerza laboral° norteamericana estaba en la manufactura, pero en el año 2000 va a haber apenas un 10 por ciento de trabajadores en esta actividad.   *steel* / *work force*

¿Cuáles son las consecuencias políticas y sociales de este proceso? La verdad es que nadie lo sabe con exactitud. Lo que sí sabemos es que la revolución de la información va a modificar el lugar de trabajo. En el año 2000, por ejemplo, las oficinas van a ser muy diferentes; los empleados van a trabajar en su casa en sus computadores, reuniéndose una vez al mes para recibir instrucciones. También en los supermercados grandes, el cajero va a ser un computador que lee el precio del producto y lo carga automáticamente a nuestra cuenta del banco.

¿Qué pasa entonces con los cajeros, las secretarias, los que hacen los inventarios y las telefonistas? Como los robots y los computadores van a generar millones de trabajos para la gente que trabaja con ellos, recepcionistas y empleados de oficina van a tener que aprender otras ocupaciones. Lo que es difícil de predecir es dónde, cuáles y qué trabajos van a ser, pero por experiencia sabemos que la mayoría° de estos trabajos necesitan habilidades° específicas. Por ejemplo, en el pasado, el especialista en fertilizantes,° el dentista, el boticario,° el médico, el pediatra, y el oculista° reemplazaron a los curanderos indios, los barberos novatos° y los doctores y químicos aficionados.   *majority* / *skills* / *fertilizer* farmacéutico / *eye doctor* principiantes

Por otro lado, si a Ud. no le gusta trabajar con computadores, máquinas o robots, el mundo del futuro ofrece muchos otros empleos nuevos, ya que° toda sociedad necesita gente que trabaje con gente. Por ejemplo, la atención de niños y gente mayor es un área de gran demanda, porque se necesita mucha gente para cuidar, educar y entretener a los niños y a los mayores. Éstas son profesiones de prestigio que van a crecer enormemente.   porque

Otra preocupación importante es qué va a pasar con la economía. No sabemos si el mundo va a tener que vivir con altos porcentajes de desempleo o si la economía puede absorber todos estos cambios. El cambio tecnológico siempre es importante para el desarrollo de la economía ya que las innovaciones originan nuevas industrias y profesiones. En algunos casos, esto coincide con períodos de crecimiento° económico; en otros casos, sin embargo, coincide con grandes crisis, como las crisis de la industria y la agricultura que tenemos ahora. El lado negativo tiene un gran costo sicológico, porque mucha gente pierde su trabajo y nunca se recupera. El lado positivo, sin embargo, es que una economía basada en la información tiene más posibilidades que una economía basada en recursos° finitos como el petróleo. La información tiene un potencial infinito, porque la información es uno de los dos recursos que aumenta cuando se usa o se distribuye. El otro recurso es . . . el amor.

desarrollo (margin note)

resources (margin note)

Tomado de "Los trabajos del próximo siglo" por Ricardo Israel, La época semanal *Nº 7, 3 de mayo de 1987, página 28.*

¿Comprendió bien?

1. En el primer párrafo, aparecen . . .

   a. empleos bastante comunes hoy en día.
   b. nombres de científicos.
   c. especialistas de la universidad.
   d. Ninguna alternativa es apropiada porque . . .

2. En el segundo párrafo, "las últimas décadas" se refiere al período que empieza . . . *tech rev.*

3. ¿Cuál es la frase más importante del tercer párrafo?

   a. el mismo proceso
   b. un gran cambio
   c. el último diccionario
   d. a muchas ocupaciones

4. En el próximo siglo, el sector de la industria va a ser (más / menos) importante que el sector de la información de hoy en día porque . . .

5. Según el artículo, una profesión prestigiosa del futuro va a ser . . .

   docto

A. Asociaciones.   Aparee las dos columnas de palabras y definiciones.

1. médico(a) especialista en ojos	fertilizante
2. químico(a) que trabaja en una farmacia	cajero(a)
3. persona que pone algo en el mercado	minería
4. producto químico que ayuda en la agricultura	farmacéutico(a)
5. persona que no tiene experiencia	oculista
6. extracción de minerales de la tierra	comercializador(a)
7. persona que recibe el dinero en una tienda	novato(a)

B. ¡Qué increíble!   El autor dice que en los Estados Unidos hay más gente que trabaja preparando hamburguesas que produciendo acero. Con un(a) compañero(a) escriban tres frases similares de hechos increíbles de nuestra sociedad.

EJEMPLO: Más gente trabaja preparando hamburguesas que haciendo autos.

C. Gente que trabaja con gente.   El autor nos dice que una sociedad siempre necesita gente que trabaje con gente. Describa el trabajo de al menos tres de estas personas.

EJEMPLO: Pediatra: es un médico que estudia y cura las enfermedades de los bebés y los niños.

maestro(a)	asistente social
enfermero(a)	abogado(a)
policía	niñero(a)

UNDERSTANDING MEANING FROM CONTEXT

You can often guess the meanings of unfamiliar words if you understand other words and ideas in the surrounding sentences—the context in which the words appear. Efficient readers use context to make sense of whatever portions of a reading they don't fully understand.

Ahora lea las dos lecturas que siguen. La primera parte del artículo contiene información útil para ayudarle a comprender la segunda parte. No busque ninguna palabra desconocida en su diccionario, sino que trate de leer para formarse una idea general del artículo.

UNIVERSIDAD
UNA FORMACIÓN CARA Y MALA

A pesar de los esfuerzos realizados en los últimos años, la universidad española sigue ofreciendo una formación cara y mala. Al menos así opinan los ciudadanos de este país, según una encuesta de Emopública. Un mayor conocimiento de las carreras con mejores salidas, que ofrecemos en páginas siguientes, podría ser una buena forma de empezar a corregir desajustes.

Si en Madrid las cosas no están bien, tampoco lo están en otros centros universitarios de diversas autonomías* del Estado. En Barcelona continúa la saturación en las aulas y la incertidumbre entre los estudiantes para saber si serán o no admitidos. En Sevilla habrá protestas cuando se conozcan los resultados de la selectividad y en Galicia siguen sin ver claro el proceso de descentralización.

Las universidades privadas pueden ser, en el futuro, una buena alternativa. En España, por el momento, siguen siendo muy caras, por supuesto elitistas, y todas ellas dependen de instituciones u órdenes de la Iglesia católica. En Estados Unidos, país en el que existen las dos, se ha creado un sistema suficientemente flexible como para paliar los problemas de una y otra.

Tomado de "Universidad, una formación cara y mala" por Ramiro Cristobál, Cambio16 *Nº 776, 13 de octubre de 1986, páginas 83-90, 95-98.*

* Se refiere a los gobiernos autónomos regionales como los de Cataluña, Andalucía y Galicia.

Indique si las siguientes oraciones son verdaderas o falsas según la lectura sobre la universidad española.

¿Comprendió bien?

1. Los españoles creen que el sistema universitario español tiene muchos problemas. *Verdaderas*

2. Las otras universidades españolas no tienen tantos problemas como las universidades madrileñas. *Falso*
   rather

3. Parece que hay bastantes vacantes para los estudiantes universitarios en Barcelona. *Falso*

4. Una solución para los problemas de las universidades españolas sería un proceso de descentralización y privatización. *Verdad*

5. Las universidades privadas de España no tienen tantos problemas como las públicas. *Verdad*
   perhaps

6. Quizás en España deban seguir el ejemplo de los Estados Unidos. *Verdad*

Según esta introducción, ¿qué temas específicos espera Ud. que se traten en el resto del artículo? Agregue los que falten (no menos de tres) a esta lista.

> presentación de estadísticas de la encuesta realizada
> descripción de todos los cambios hechos recientemente
> descripción de la situación en distintas regiones del país

Ahora lea la segunda sección del artículo sobre la universidad española.

USA:
"Un sistema flexible y eficaz"

TANTO la universidad pública° como la privada ofrecen en este país idéntico carácter de flexibilidad. Podría afirmarse que una carrera en Estados Unidos es un traje hecho a la medida de cada estudiante, exigiendo todos ellos unos mínimos académicos.°

Pero prevalece el principio de *"Do it yourself"* (*"Hágaselo usted mismo"*), pues la práctica ha demostrado que un sistema libre e imaginativo sirve mejor los intereses de la sociedad que otro hermético y fosilizado. La universidad privada, que goza de una soberbia reputación por sus precios y, a veces, también, por el alto nivel de enseñanza, puede exigir de un alumno la cifra° anual de 16.000 dólares (por encima de los dos millones de pesetas), cuya financiación se obtiene con frecuencia en cómodos plazos° que paga el interesado a lo largo de su vida. Por ello, pocos se permiten aquí el lujo estúpido de endeudarse para perder el tiempo. Antes que eso, el estudiante opta por entrar en el mundo del trabajo sin la pátina de ninguna universidad. La universidad pública no es siempre gratuita.° Quien tiene dinero en la familia paga algo en proporción a su situación económica. Quien está escaso° y con talento para aprovechar, recibe de instituciones, del Estado,° de su condado° o de quien sea el dinero para pagar las matrículas.

Valga decir° que nadie, por regla general, deja de tener una oportunidad. Esta sociedad, basada en el principio de la competencia y de la igualdad, pone al alcance de todos los medios para desarrollarse.

Cada carrera consta de cuatro cursos (cuatro años), al cabo de los cuales se obtiene el grado de *Bachelor of Arts*. Son cursos a los que sigue el *Master* (de uno o dos años más) y que se cierran académicamente con el doctorado, que suele requerir otro año. Pero los primeros cursos, divididos en semestres, se caracterizan por la inteligente combinación de materias diversas,° elegidas libremente por el alumno, que en algunos casos todavía no se ha formado una idea clara de lo que será su especialización.° Por tanto, une° Letras y Ciencias, recibiendo, en todo caso, los puntos (*"credits"*) que le servirán para ir avanzando en la carrera. El acceso a una universidad exige un examen relativamente fácil, llamado el *"sat"*. Pasado éste, algunas universidades exclusivas y de probada reputación piden otro examen complementario. Siempre se valora el expediente escolar° del

Margin glossary:

de un estado — gobierno central / county

es decir

unos requisitos

cantidad

variados cursos

convenient installments — *major* / combina

gratis

el que tiene poco dinero — *high school file*

alumno. Y cualquier solicitud de
ingreso° debe formularse con un   papeles de admisión
año de antelación.

   Un máximo de cinco asigna-
turas suele ser la media de cada
curso. La prueba° que se exige al   la evaluación
alumno es periódica° y en ella de-   cada cierto tiempo fijo
muestra el nivel de conocimientos
que va adquiriendo. Para poder
ser aceptado en una universidad
de prestigio—Harvard, Stanford,
Georgetown u otras—, el alumno
tiene que alcanzar una puntua-
ción media de 3,25 sobre cuatro.
El estudio se fundamenta sobre el
trabajo personal, supervisado por
los tutores, que incitan al estudiante a investigar, elaborar y
combinar las materias de un
modo no memorístico, sino crea-
tivo y original. El deporte es importante y quienes tienen facilidad y éxito en el logran ventajas
dentro de las universidades.

*Tomado de "USA: Un sistema flexible
y eficaz" por Ignacio Carrión, Cambio 16, Nº 776, 13 de octubre de
1986, página 97.*

¿Comprendió bien?

Complete las siguientes frases según lo que leyó.

1. Según la lectura, la universidad en Estados Unidos es . . . , en cambio, la española es . . .

2. Los alumnos norteamericanos que necesitan financiación y no quieren estudiar prefieren . . .

3. En resumen, todos los alumnos, con recursos económicos o no, . . .

4. El examen que da acceso a la universidad es . . . , pero también . . .

5. En Estados Unidos, los profesores estimulan a los estudiantes a hacer . . . . La enseñanza no es memorística como en . . .

6. En las universidades prestigiosas es necesario . . .

¡A PRACTICAR!

A ¡Manos a la obra! Trabaje con un(a) compañero(a) y contesten lo siguiente.

1. ¿Hay otros cognados falsos aparte de universidad **pública** y **grado** de Bachelor?

2. Escriban las otras palabras que aprendieron aquí para decir:

   a. cursos
   b. años de estudios
   c. créditos
   d. consejeros
   e. examen

3. Completen las siguientes familias de palabras.

   a. Sustantivo: capacidad   _____   igualdad   _____
        Verbo: capacitar   liberar   _____
        Adjetivo: _____   libre   igual   especial

   b. Sustantivo: _____   _____   _____
        Verbo: enseñar   _____   matricularse
        Adjetivo: enseñado   estudioso   _____

   c. Sustantivo: deuda   _____   _____
        Verbo: endeudarse   conocer   solicitar
        Adjetivo: _____   conocido   _____

B ¡A corregir! Después de leer "USA: Un sistema flexible y eficaz", ¿qué partes cambiaría Ud. de acuerdo a su propia experiencia y según lo que Ud. sabe de la universidad norteamericana? Trabaje con un(a) compañero(a) y redacten (escriban) de nuevo los párrafos que, según Uds., no contienen información correcta. Por ejemplo, en el párrafo 1 dice: "Una carrera en Estados Unidos es un traje hecho a la medida de cada estudiante". Si no están de acuerdo con esta idea, corrijan esta parte con la información correcta.

C Una encuesta de opinión. La siguiente es la encuesta que contestaron los españoles para opinar sobre la universidad. Adminístrenles la encuesta a cinco de sus compañeros y vean si hay diferencia entre las respuestas de los españoles que aparecen en la tabla y sus propias respuestas.

Exprese acuerdo o desacuerdo con las siguientes frases sobre la universidad*

	Acuerdo	Desacuerdo	No sabe
La matrícula es demasiado alta.	76%	13%	11%
No vale la pena asistir a la universidad. Los profesionales no encuentran trabajo.	24%	71%	5%
Me interesa más aprender una profesión.	42%	46%	12%
La universidad no ofrece una enseñanza adecuada porque está abierta a todos.	70%	18%	12%
La universidad sólo da conocimientos teóricos, no capacita para el futuro.	57%	28%	15%
Deben ir todos los alumnos que quieran.	61%	29%	10%
La universidad origina desilusión y frustración profesional.	63%	22%	15%

Opiniones sobre la universidad
(Grado de satisfacción)

	Mucho o Bastante	Regular	Poco o Nada	No sabe
Los profesores están bien seleccionados.	22%	15%	43%	20%
Los estudios están relacionados con el mundo del trabajo.	10%	10%	47%	13%
La universidad no está influída por la política.	19%	15%	45%	21%
Ha empezado a mejorar.	26%	20%	38%	16%
Forma profesionales demasiado especializados.	28%	14%	29%	19%
Estimula la investigación, la tecnología y el trabajo de laboratorio.	21%	14%	47%	18%

* Tomado de *Cambio16*, Nº 776, 13 de octubre de 1986, página 86.

VOCABULARIO

Sustantivos

acero steel
anuncio advertisement
aprendizaje learning
asignatura course
boticario(a) druggist
cifra figure, quantity
comercializador marketing specialist
condado county
contador(a) accountant
crecimiento growth
década decade
desempleo unemployment
enseñanza teaching
especialización major
Estado central (federal) government
expediente escolar high school file (grades, etc.)
facultad school (in a college or university)
fuerza laboral work force
habilidad skill
ingeniería engineering
instalaciones facilities
lectura reading
materia course, subject
matrícula registration, tuition

mayoría majority
mínimos académicos requirements
novato beginner
oculista eye doctor
periodista journalist
plazo installment
principiante beginner
prueba test, exam
recurso resource
solicitud application
solicitud de ingreso admission application
transbordador shuttle

Adjetivos

cómodo convenient
diverso various
gratuito free of charge
particular private
periódico regular
pública state financed

Verbos

adivinar to guess
aparear to match
graduarse to graduate
promover to promote
unir to combine, to join

Expresiones idiomáticas

depende de depends on
escaso de dinero short of money
tras after
(no) vale la pena it is (not) worth the trouble
valga decir that is to say
ya que since

Y tu familia, ¿qué tal?

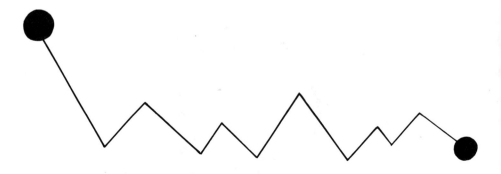

SCANNING FOR INFORMATION

When you pick up a magazine or newspaper for the first time, you probably flip through it to see what interests you. You look at the pictures and cartoons, you read the headlines and titles of articles, and your attention is attracted by the photographs, flashy advertisements, and the story titles. What you are doing is scanning for information—getting a general idea of the content.

Although the following reading selection is a poem, not a magazine or newspaper article, you can still scan it without using a dictionary. Look for the following features that will help you understand the content of the poem: the title, the proper name, and the different ages of the person described.

El siguiente poema es de Gloria Fuertes, poetisa (poet) española, que nació en Madrid en 1918. Como otros artistas nacidos en esta época de la historia española, Gloria Fuertes sufrió las penurias (hardships) de la terrible Guerra Civil Española, en que las tropas del jefe del nacional-socialismo español, Francisco Franco, derrotaron a las fuerzas republicanas o izquierdistas. Terminada la guerra en 1939, Franco impuso una dictadura fascista y el terror en España hasta su muerte en 1975. Las obras poéticas de Fuertes se destacan por su cariño por la vida diaria y el lenguaje común del pueblo. Sus poemas son muy personales e íntimos, y contienen muchos detalles que revelan su personalidad. "Nota biográfica" fue escrito en 1950.

Nota biográfica

Gloria Fuertes nació en Madrid
a los dos días de edad,
pues fue muy laborioso el parto° de mi madre   *labor*
que si se descuida° muere por vivirme.   *if she doesn't watch out*
5 A los tres años ya sabía leer
y a los seis ya sabía mis labores.
Yo era buena y delgada,
alta y algo enferma.
A los nueve años me pilló° un carro   *tuve un accidente*
10 y a los catorce me pilló la guerra°;   *war caught up with me*
a los quince se murió mi madre, se fue cuando más falta me hacía.
Aprendí a regatear° en las tiendas   *to bargain*
y a ir a los pueblos por zanahorias.
Por entonces empecé con los amores,
15 —no digo nombres—,
gracias a eso, pude sobrellevar° mi juventud de barrio.   *to put up with*
Quise ir a la guerra, para pararla°,   *stop it*
pero me detuvieron° a mitad del camino.   *me arrestaron*
Luego me salió una oficina,
20 donde trabajo como si fuera° tonta,   *as if I were*
—pero Dios y el botones° saben que no lo soy—.   *doorman*
Escribo por las noches
y voy al campo mucho.

Todos los míos han muerto hace años
25 y estoy más sola que yo misma.
He publicado versos en todos los calendarios,
escribo en un periódico de niños,
y quiero comprarme a plazos° una flor natural   *through install ments*
como las que le dan a Pemán* algunas veces.

*Tomado de Obras incompletas por
Gloria Fuertes, Ediciones Cátedra,
Madrid, 1978, página 41.*

---

* José María Pemán (1898-1981), dramaturgo *(playwright)* español, muy famoso cuando
Fuertes era joven.

¿Comprendió bien?

A Complete las siguientes frases según lo que leyó.

1. Ésta es la biografía de . . . *Gloria Fuentes*
2. El parto duró . *dos días*
3. La madre casi . . . cuando nació la niña. *muerió*
4. La guerra empezó cuando la niña tenía _____ años. *catorce*

B Los poetas dicen las cosas de una manera diferente de la gente común. Diga cómo dice la autora . . .

1. tenía catorce años cuando empezó la guerra.
   a los catorce me pilló la guerra
2. me hice *(became)* mujer.
3. empecé a trabajar en una oficina. *luego me salió una oficina*
4. no tengo marido ni hijos ni parientes. *todos los míos han muer[to]*
5. estoy tan sola en el mundo. *hace años*
   estoy más sola que yo mismo
6. tengo la esperanza *(hope)* de que las cosas van a mejorar.

C Trabaje con dos compañeros. Ahora pueden ver el poema en más detalle.

1. En sus propias palabras, ¿qué le pasó a la poetisa a los 3, 6, 9, 14 y 15 años?
2. ¿Qué tipo de niña era ella? ¿Qué tipo de mujer es ahora?
3. ¿Dónde ha trabajado la poetisa? ¿Qué hace ahora? ¿Cuántos años tiene ahora más o menos?
4. ¿Qué planes tiene para el futuro?
5. Dividan el poema en tres partes: niñez, adolescencia o la guerra, adultez o la soledad. Digan por qué lo han dividido así. ¿Qué importancia tiene la guerra en su vida?
6. ¿Cómo es el tono del poema: triste, alegre, sarcástico, sentimental, nostálgico, furioso, tranquilo, divertido? ¿Por qué?
7. ¿Notaron el cambio entre las dos primeras líneas del poema y todas las restantes? ¿Está todo el poema escrito con formas verbales de "yo"? ¿Por qué hacen esto los poetas a veces?

A Nota autobiográfica. Complete las oraciones y escríbalas en forma de dos párrafos.

Me llamo _____ . Nací el _____ de (mes) _____ de 19_____ en _____ . De niño(a) yo era un poco _____ y bastante _____ . Aprendí a _____ a los _____ años de edad y a los _____ ya sabía _____ . A los nueve años . . . y a los catorce yo . . . .

Mi primer(a) novio(a) se llamaba _____ y vivía en _____ . En general, mi adolescencia fue un poco _____ y bastante _____ . Conseguí mi primer trabajo en _____ , lo que (me gustó mucho / no me gustó nada) porque . . . .

B ¿Qué le parece? Lea el poema una vez más para comprenderlo y apreciarlo mejor. Luego, elija (choose) uno de los siguientes temas y escriba una composición.

1. Escriba un poema similar sobre su propia vida. Use algunas de las palabras o frases de la autora si lo desea.

2. Exprese por escrito sus reacciones sobre las tres etapas de la vida de la poetisa (es decir, su vida como niña, adolescente y adulto).

3. Compare y contraste su propia vida como niño(a), adolescente y adulto con la vida de la poetisa.

1. Escriba un anuncio de su propio nacimiento (y bautizo si lo desea), siguiendo el modelo de esta participación.

2. Fíjese bien en los títulos de los adultos. ¿Qué cree Ud. que es el padre? ¿Y el padrino? "El Sr. Cura Pbro." quiere decir *the parochial priest of San Isidro.*

3. ¿Qué son la madrina y la madre de Paulina entre ellas?

4. ¿Cuál es el nombre completo de Paulina?

Paulina

Nació en la ciudad de Querétaro, Qro., el día 23 de marzo de 1984 y fue bautizada el 23 de junio del mismo año en la Parroquia de San Isidro, por el Sr. Cura Pbro. Rafael Ochoa Hernández.

Sus Padres:

C. P. Jorge Fernández F. de Jáuregui

y

Guadalupe Macedo de Fernández

Sus Padrinos:

Lic. Luis Rayas Díaz

e

Irma Macedo de Rayas

UNDER-STANDING MEANING FROM WORD ORDER

In Spanish, the ending of a verb indicates the subject; thus, there is agreement between a subject and its verb. Sometimes, however, it is not easy to find the subject in a Spanish sentence, because the subject can go before or after the verb. For example, in the poem, "Nota biográfica," there are four instances of a subject coming after its verb. Can you find them? Here is one instance:

. . . **fue** muy laborioso **el parto** de mi madre
(el parto de mi madre fue muy laborioso)

When you scan or read something in Spanish, look before and after the verb to find out who did what. If the person mentioned after the verb is preceded by **a (al),** that is not the subject; rather, it is the person who is receiving the action of the verb.

> EJEMPLOS: Le dijo **a** su madre que viniera.
> No quiso llamar **al** botones.

Two checks are thus necessary.

- Is the subject before or after the verb?
- If a likely candidate is found after the verb, make sure it is not preceded by *a*.

Los padres llamaron a Carmen para darle su flor. *(Who called?)*
Después, llegó el mensajero. *(Who arrived?)*

Ahora, lea el artículo que sigue. Use las técnicas de lectura que explicamos en seguida, y también use el contexto y lo que Ud. ya sabe sobre las palabras cognadas, los prefijos y los sufijos.

SKIMMING FOR INFORMATION

Skimming is a technique used for locating information in a reading selection. When you read a selection, you often *scan* it to see what kind of general information it contains, then you *skim* the reading to find answers to your questions. Often a reading contains devices that can help you skim easily, such as subtitles, varied typefaces, paragraphs of different lengths, and diverse formats.

The following reading is an interview with two teenagers. What format do you expect for an interview? Now check your hunch and read using the format to help you.

¿QUÉ SIGNIFICA PARA TI TU PADRE?

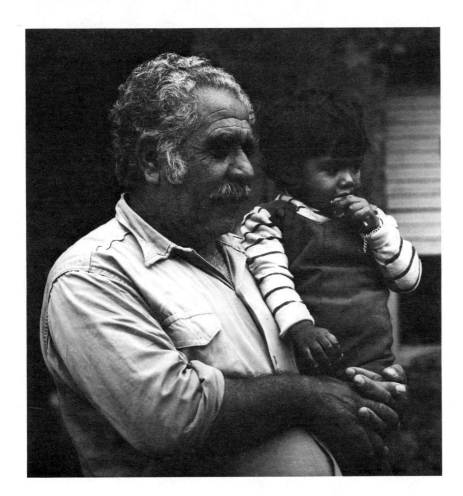

A los niños les gusta
que el abuelito los
tome en brazos.

¿QUÉ SIGNIFICA PARA TI TU PADRE?

César: El padre es quien nos dio la vida, la persona que más respeto
y al que más cariño° se le debe tener pase lo que pase.° Mis papás están
separados, yo vivo con mi mamá, pero los quiero igual a los dos. Aunque
mi padre no esté cerca, sigue siendo un respaldo.° ¡Así debería ser un
padre! No creo que haya motivos tan grandes que justifiquen perderle el
cariño y el respeto.

Rocío: Mi papá es un gran apoyo,° aunque no haya una comunicación
muy importante entre nosotros; él es hombre y yo mujer y tal vez por eso
mis problemas los ve desde otro punto de vista y no los siente como yo.
Pero en un momento dado si necesitara su ayuda, sé que no me dejaría
sola. Al padre uno lo tiene en un altar; se le tiene cariño.

amImg *whatever may happen*

support

respaldo

¿CUÁNTO TIEMPO PASA CONTIGO TU PAPÁ?

César: Veo poco a mi papá, casi siempre los fines de semana; como
dije antes no vivo con él. Siento que la relación entre nosotros ha cambiado
muchísimo; es algo irónico, pero antes, cuando vivíamos juntos, teníamos
menos comunicación que ahora. Las pocas veces que lo veo lo pasamos

parar

muy bien, precisamente por eso, porque al no vernos diariamente deseamos saber todo lo que el otro hace, lo que piensa, lo que quisiera decir. Creo que al padre nunca se le debe dejar° de querer y respetar.

decirle
I take the opportunity

Rocío: Veo muy poco a mi papá entre semana; generalmente, a la hora que él llega a casa yo ya me estoy bañando, luego ceno, por lo regular en mi cuarto, aunque ocasionalmente lo hago con mis papás, y me voy a dormir. A veces no hay tiempo de contarle° mis cosas, pero el fin de semana que estamos juntos aprovecho° para contárselas. Por la poca comunicación que tengo con él, por lo poco que lo veo, no sé lo que le pasa, o él no sabe lo que me pasa a mí. Los problemas que él pueda tener en la oficina, piensa que no me deben interesar; por mi parte, yo creo que los problemas que tengo con mis amigas y amigos tampoco le pueden interesar a él. Sin embargo, mi mamá le cuenta, le dice "Rocío está haciendo esto o aquello"; pero la comunicación con él es poca.

¿QUÉ DEFECTOS VEN USTEDES EN EL PADRE?

financial resources

César: El creer que ellos son los únicos que pueden resolver los problemas económicos. Todo el mundo piensa en los recursos° del padre, pero no en los de la madre o en los de otra persona de la familia.

charlar

porque
pasa   preocupada

Rocío: Ellos piensan que con comprarte unos zapatos, un disco, cumplen contigo, y lo que en realidad necesitas es un beso, platicar° con ellos, que te consientan, que no lleguen y digan: "te compré un disco", cuando lo que uno necesita es comprensión. Los papás como que° no conviven contigo, no saben lo que te sucede;° si te ven inquieta,° piensan: "le fue mal en la escuela, con un regalo se soluciona", pero no es así, sería mejor un beso, un abrazo, un cariño, que me diga "ven, te invito a cenar, quiero estar contigo, convivir". Esto lo necesitas más que un regalo. La falta de comunicación es muchas veces por la diferencia de sexo y de edad, él no me entiende; por ser hombre, toma las cosas como tal . . .

SI PUDIERAS CAMBIAR ALGO EN TU PAPÁ; ¿QUÉ CAMBIARÍAS?

surrounds

César: Su actitud pesimista. Mi familia, mi mamá, mis hermanos y yo hemos llegado a la conclusión de que mi papá es superpesimista y eso nos afecta mucho. Eso es algo supernegativo que no sólo lo afecta a él, sino a nosotros y a todo lo que lo rodea.° Me gustaría que fuera más optimista, que pensara en las cosas buenas que pueden suceder, aunque todo se viera muy mal.

fact

Rocío: Yo cambiaría el hecho° de que sea tan cerrado, porque llega, se mete en su cuarto y no habla, o habla de cosas que no vienen al caso. Pienso que deberíamos platicar, él de su oficina y yo de mis amigos.

¿CÓMO PODRÍA SER EL PAPÁ IDEAL?

avoid

César: El que siempre está de acuerdo con su familia, que pasa el mayor tiempo con ella, que trata de evitar° problemas de todo tipo, que procura° compartir sus dificultades para que haya un mejor entendimiento en la familia.

trata de

Rocío: El que te diera un gran apoyo, que siempre pudieras contar con él, en cualquier momento; que fuera comunicativo, eso es más importante; y que llegara feliz y contento, que platicara cosas buenas.

SI SU PAPÁ LES DEDICARA UN DÍA COMPLETO, ¿CÓMO SERÍA ESE DÍA?

César: A mí me gustaría salir con mi papá, pero solos, sin mis hermanos, después de no haberlo visto unas dos semanas, porque así nos entusiasmaría más, habría temas para todo el día. Me gustaría salir a pasear desde temprano; recordar lo que hacía de pequeño, pasear con él a pie o en coche. Estar juntos. En mi caso, me divierto muchísimo con él cuando nos vemos. Es cuando uno valora realmente lo necesario que es el padre. Yo lo quiero mucho.

Rocío: Cuando era chiquita mi papá me llevaba todos los domingos al teatro, también a la oficina a que hablara con el télex. Me gustaría volverlo a recordar, ir al teatro juntos, platicar sobre lo que me pasa en este momento, ir a comer fuera o preparar algo en casa y comer juntos. Después, comentar con mi mamá lo que nos sucedió.

¿CUÁL SERÍA, PARA TI, EL COROLARIO DE ESTA CHARLA?

César: Mis hermanos y yo queremos y respetamos muchísimo a nuestro padre.

Rocío: Pareciera que quisiéramos un papá diferente, pero si nos cambiaran al nuestro, nos trastornarían° por completo. Nuestro papá nos quiere y nosotros lo queremos así.

would upset us

Tomado de "¿Qué significa, para ti, tu padre?" por Alma de Lira en Buena vida, *Edición especial, 1987, páginas 54-60.*

¿Comprendió bien?

A ¿Quién diría lo siguiente: César, Rocío o los dos?

1. Veo muy poco a mi papá. dos
2. Mi papá no vive con nosotros. César
3. Quiero tanto a mi papá como a mi mamá. César R
4. Hay muy poca comunicación entre mi papá y yo. dos R
5. Quiero que mi papá me dé un beso y un gran abrazo. R
6. Mi papá trabaja en una oficina en el centro de la ciudad. R
7. Había más comunicación entre mi papá y yo cuando yo era chiquita. R
8. No sé por qué, pero mi papá siempre anda con una actitud negativa. C
9. Quiero que mi papá y yo tengamos una larga charla—sólo él y yo. R
10. Como no me sentía bien ayer, mi papá me compró unos chocolates. R

¡A PRACTICAR!

A Asociaciones.   Aparee las dos columnas de palabras y frases.

1. _____ cariño   a. conversar
2. _____ contar   b. parar
3. _____ dejar de   c. volvernos locos
4. _____ trastornarnos   d. relatar
5. _____ platicar   e. amor
6. _____ recursos   f. pasar
7. _____ suceder   g. dinero

B Expresiones idiomáticas.   Primero, traduzca las expresiones en negrita. Luego, escriba una oración original usando cada expresión.

1. Mis papás están separados, pero **los quiero igual a los dos.**
   Quiero igual a . . .
2. Las pocas veces que veo a mi papá **lo pasamos** muy bien.
   Lo pasamos muy bien mi papá y yo cuando . . .
3. **Por mi parte,** yo creo que los problemas que tengo con mis amigos tampoco le interesan a mi papá.
   Por mi parte, los padres deben tener interés en . . .

4. **Todo el mundo** piensa en los recursos del padre, pero no en los de la madre.

   Todo el mundo cree que . . . , pero yo pienso que . . .

5. El padre ideal es el que siempre **está de acuerdo** con su familia.

   A veces mis padres y yo no estamos de acuerdo. Por ejemplo , . . .

C ¡Ahora le toca a Ud.! Conteste por escrito las siguientes preguntas.

1. ¿Qué significa su padre para Ud.? ¿Y su madre?
2. ¿Cuánto tiempo pasa con Ud. su padre? ¿Y su madre?
3. ¿Cuáles serían los tres defectos que Ud. ve en los padres? ¿Y en las madres?
4. Si pudiera Ud. cambiar algo en su papá, ¿qué cambiaría? ¿Qué cambiaría Ud. en su mamá?
5. ¿Cómo podría ser el papá ideal? ¿Y la mamá ideal?
6. Si su papá les dedica un día completo, ¿cómo es ese día? ¿Cómo sería un día completo con su mamá?

¿Cuáles de las palabras que significan "padres" son cognadas?

CÓMO SE DICE PAPÁ EN OTROS IDIOMAS

Nombre	Idioma
Abba	Arameo
Athair	Irlandés
Atta	Hitita
Av	Hebreo
Fadar	Gótico
Fader	Danés y sueco
Fadher	Islandés viejo
Father	Inglés
Foter	Yidich
Fu	Chino
Hayr	Armenio
Ociec	Polaco
Otats	Servocroata
Otec	Checoslovaco
Otets	Búlgaro y ruso
Padre	Español e italiano
Pai	Portugués
Paire	Provenzal
Pater	Latín
Patera	Griego
Père	Francés
Pita	Iraní
Pitar	Sánscrito
Tata	Náhuatl
Vader	Holandés
Vater	Alemán

Tomado de "El nombre del padre" por Eneas Rayan en Buena vida, *Edición especial, 1987, página 31.*

Ahora, lea la siguiente lectura sobre una madre y su niña. Esta lectura no es ni un poema ni un cuento, sino una estampa o descripción de un episodio de la vida diaria.

La autora de esta estampa es Carmen Laforet (1921-   ), nacida en Barcelona. Recibió el Premio Nadal por su primera novela, Nada (1945), la cual se ha traducido a varios idiomas. Esta narración realista trata de la tristeza y la miseria de la vida diaria en España después de la Guerra Civil Española. En 1953 apareció su segunda novela, La isla y los demonios. En la estampa "Al colegio" se nota la gran sensibilidad de Laforet, quien describe la separación de una madre y su hija el primer día de clases de ésta.

C Al olegio (estampa)

Vamos cogidas de la mano en la mañana. Hace fresco, el aire está sucio de niebla.° Las calles están húmedas. Es muy temprano.

fog

Yo me he quitado el guante para sentir la mano de la niña en mi mano, y me es infinitamente tierno este contacto, tan agradable, tan amical, que la estrecho° un poquito emocionada. Su propietaria° vuelve hacia mí la cabeza, y con el rabillo de los ojos me sonríe. Sabe perfectamente la importancia de este apretón,° sabe que yo estoy con ella y que somos más amigas hoy que otro día cualquiera.

I squeeze it   *the owner (la niña)*

squeeze

Viene un aire vivo y empieza a romper la niebla. A todos los árboles de la calle se les caen las hojas, y durante unos segundos corremos debajo de una lenta lluvia de color tabaco.

—Es muy tarde; vamos.

—Vamos, vamos.

fleeing

Pasamos corriendo delante de una fila de taxis parados, huyendo° de la tentación. La niña y yo sabemos que las pocas veces que salimos juntas casi nunca dejo de coger un taxi. A ella le gusta; pero, a decir verdad, no es por alegrarla por lo que lo hago; es, sencillamente, que cuando salgo de casa con la niña tengo la sensación de que emprendo° un viaje muy largo. Cuando medito una de estas escapadas,° uno de estos paseos, me parece divertido ver la chispa° alegre que se le enciende

empiezo
salidas
spark

a ella en los ojos, y pienso que me gusta infinitamente salir con mi hijita mayor y oírla charlar; que la llevaré de paseo al parque, que le iré enseñando, como el padre de la buena Juanita,° los nombres de las flores; que jugaré con ella, que nos reiremos, ya que es tan graciosa, y que, al final, compraremos barquillos°—como hago cuando voy con ella—y nos los comeremos alegremente.

 Luego resulta que la niña empieza a charlar mucho antes de que salgamos de casa, que hay que peinarla y hacerle las trenzas° (que salen pequeñas y retorcidas,° como dos rabitos° dorados debajo del gorro°) y cambiarle el traje, cuando ya está vestida, porque se tiró encima un frasco° de leche condensada, y cortarle las uñas,° porque al meterle las manoplas° me doy cuenta de que han crecido . . . Y cuando salimos a la calle, yo, su madre, estoy casi tan cansada como el día en que la puse en el mundo . . . Exhausta, con un abrigo que me cuelga como un manto;° con los labios sin pintar (porque a última hora me olvidé de eso), voy andando casi arrastrada por ella, por su increíble energía, por sus infinitos "por qués" de su conversación.

 —Mira, un taxi.—Éste es mi grito de salvación y de hundimiento° cuando voy con la niña . . . Un taxi.

 Una vez sentada dentro, se me desvanece° siempre aquella perspectiva de pájaros y flores y lecciones de la buena Juanita, y doy la dirección de casa de las abuelitas, un lugar concreto donde sé que todos seremos felices: la niña y las abuelas, charlando, y yo, fumando un cigarrillo, solitaria y en paz.

 Pero hoy, esta mañana fría, en que tenemos más prisa que nunca, la niña y yo pasamos de largo delante de la fila tentadora de autos parados. Por primera vez en la vida vamos al colegio . . . Al colegio, le digo, no se puede ir en taxi. Hay que correr un poco por las calles, hay que tomar el metro, hay que caminar luego, en un sitio determinado, a un autobús . . . Es que yo he escogido un colegio muy lejano para mi niña, ésa es la verdad; un colegio que me gusta mucho, pero que está muy lejos . . . Sin embargo, yo no estoy impaciente hoy, ni cansada, y la niña lo sabe. Es ella ahora la que inicia una caricia° tímida con su manita dentro de la mía; y por primera vez me doy cuenta de que su mano de cuatro años es igual a mi mano grande: tan decidida, tan poco suave, tan nerviosa como la mía. Sé por este contacto de su mano que le late° el corazón al saber que empieza su vida de trabajo en la tierra, y sé que el colegio que le he buscado le gustará, porque me gusta a mí, y que aunque está tan lejos, le parecerá bien ir a buscarlo cada día, conmigo, por las calles de la ciudad . . . Que Dios pueda explicar el por qué de esta sensación de orgullo que nos llena y nos iguala durante todo el camino . . .

 Con los mismos ojos ella y yo miramos el jardín del colegio, lleno de hojas de otoño y de niños y niñas con abrigos de colores distintos, con mejillas° que el aire mañanero° vuelve rojas, jugando, esperando la llamada a clase.

Glosses (right margin):

personaje de un cuento para niños

thin rolled wafers

braids
twisted   *little tails*   *wool cap*
spilled a jar
nails   guantes

that hangs from me like a cape

giving in

se va

cariño, *caress*

palpita

cheeks   de la mañana

Lectura

shame
take care of herself

corner

muchas

pockets

sidewalk   spotted
ansiosa
asiento de escolar

Me parece mal quedarme allí; me da vergüenza° acompañar a la niña hasta última hora, como si ella no supiera ya valerse por sí misma° en este mundo nuevo, al que yo la he traído . . . Y tampoco la beso, porque sé que ella en este momento no quiere. Le digo que vaya con los niños más pequeños, aquéllos que se agrupan en el rincón,° y nos damos la mano, como dos amigas. Sola, desde la puerta, la veo marchar, sin volver la cabeza ni por un momento. Se me ocurren cosas para ella, un montón de° cosas que tengo que decirle, ahora que ya es mayor, que ya va al colegio, ahora que ya no la tengo en casa, a mi disposición a todas horas . . . Se me ocurre pensar que cada día lo que aprenda en esta casa blanca, lo que la vaya separando de mí—trabajo, amigos, ilusiones nuevas—, la irá acercando de tal modo a mi alma, que al fin no sabré dónde termina mi espíritu ni dónde empieza el suyo . . .

Y todo esto quizá sea falso . . . Todo esto que pienso y que me hace sonreír, tan tontamente, con las manos en los bolsillos° de mi abrigo, con los ojos en las nubes.

Pero yo quisiera que alguien me explicase por qué cuando me voy alejando por la acera,° manchada° de sol y niebla, y siento la campana del colegio llamando a clase, por qué, digo, esa expectación anhelante,° esa alegría, porque me imagino el aula y la ventana, y un pupitre° mío pequeño, desde donde veo el jardín, y hasta veo clara, emocionantemente, dibujada en la pizarra con tiza amarilla una A grande, que es la primera letra que voy a aprender . . .

Tomado de Mis páginas mejores *por Carmen Laforet, Editorial Gredos, Madrid, 1956, páginas 39-42.*

1. ¿Por qué llevará esta narración el subtítulo de "estampa"?

2. ¿Qué otro título le pondría Ud. a esta estampa, y por qué?

   a. "Mi primer día de escuela"
   b. "Adiós, mi querida hijita"
   c. "Un día de estos"
   d. (otro título adecuado)

3. Esta lectura contiene la descripción de varias cosas. Indique qué aspectos describió Laforet con más detalle.
   Descripción . . .

   a. del tiempo (weather)
   b. del ambiente
   c. de lo que pasó
   d. física de las personas
   e. de las calles y las casas
   f. de lo que piensa la gente
   g. de la personalidad de las personas

4. Numere las acciones según cómo ocurrieron en esta narración.

   a. La señora y su hija toman el metro.
   b. Madre e hija van caminando por la calle de prisa.
   c. La niña y su mamá se dan la mano.
   d. La madre y su hija llegan al colegio.
   e. La neblina empieza a levantarse.
   f. Las dos toman un autobús.
   g. La madre piensa que la niña es como una prolongación de su vida.

5. En su cuaderno, copie del relato dos frases que describan cada uno de los siguientes temas.

   a. el tiempo
   b. el aspecto físico de la niña
   c. el amor de la madre por su hija
   d. el comienzo de la vida de trabajo de la niña

6. Encuentre referencias en la estampa que indican lo siguiente:

   a. el mes y la estación del año
   b. la hora del día
   c. la edad de la niña
   d. el lugar donde viven la madre y su hija
   e. la razón por la que no tomaron un taxi hoy

¡A PRACTICAR!

A ¿Cuándo empiezan las clases? Recuerde que no todos los países empiezan el año escolar en septiembre o fines de agosto porque el clima y las tradiciones son diferentes. Averigüe *(find out)* cuándo empieza el año escolar en España, Argentina y México. Usted puede buscar la información en la biblioteca o preguntarle a su profesor(a) o a algún (alguna) estudiante de intercambio.

B Para aumentar el vocabulario. En esta lectura se pueden aprender varias palabras nuevas o repasar las que ya sabe. Por ejemplo, busque al menos tres palabras relacionadas con cada una de las siguientes palabras o frases.

EJEMPLO: emociones

divertido   graciosa   impaciente   nerviosa

1. ropa
2. colegio
3. familiares
4. cara
5. acariciar
6. otoño
7. medios de transporte urbano
8. arreglarse para salir

C En otro ambiente. Esta estampa es evidentemente una estampa de la ciudad. ¿Qué pasaría en el campo? ¿Qué situación de la vida rural sería más o menos equivalente a esta iniciación en la vida? Describa una situación en un párrafo.

D ¿Qué se puede aprender de la familia hispana aquí? Los siguientes temas de discusión no tienen respuestas correctas o incorrectas porque muchas costumbres dependen de la cultura y también del grupo familiar. Sin embargo, Ud. puede aprender mucho de la familia hispana si discute lo siguiente con otros dos compañeros. Cada grupo puede discutir un tema diferente y después informarle a toda la clase sobre los resultados de la discusión.

1. Los hispanos le dan un valor distinto a la actividad de **salir,** ir de paseo, ir a un parque o a ver a las abuelitas. Encuentren al menos tres frases que se refieren a la preparación para salir. Por ejemplo, la madre dice que no se vistió bien, que no se puso bien el abrigo.

   a. ¿Cómo se viste a una niña pequeña para salir?
   b. ¿Cómo debe arreglarse la madre, pero no lo hace?
   c. En los Estados Unidos o en el Canadá, ¿cómo se vestiría a un niño para ir de paseo?

2. Los hispanos le dan un valor distinto a la educación y la toman bastante en serio. Por ejemplo, a la madre no le importa pasarse una o dos horas en el metro y el autobús para llevar a su hija al colegio. Encuentren una frase que expresa esta idea.

3. Además de mantenerse siempre en contacto, los hispanos hacen del contacto una cosa física también. Por ejemplo, las amigas y los amigos caminan del brazo *(arm in arm)* por la calle, los padres *(parents)* con sus niños también; para saludarse se abrazan y se besan, y en muchas familias también se besan antes de irse a dormir. ¿Qué ejemplos de este tipo de contacto se encuentran en Norteamérica? ¿Qué contra-ejemplos hay y por qué?

4. Comparen la cultura hispana con la cultura norteamericana en cuanto al primer día de colegio de los niños.

5. Tradicionalmente, las mujeres hispanas son muy fuertes de carácter y tienen la total responsabilidad del cuidado de los niños. ¿Qué cosas de esta estampa pueden confirmar esta idea? Compare las madres hispanas con las madres norteamericanas en cuanto al cuidado de los niños.

E Comentario general.   Para discutir brevemente en inglés.

1. Tanto "Nota biográfica" como "Al colegio" están escritos en primera persona. ¿Qué efecto produce esto en el (la) lector(a)?

2. Las narradoras de estas dos obras literarias son mujeres adultas. ¿Qué cambios se producirían si las narradoras fueran niñas pequeñas? ¿Cree Ud. que la edad sea una ventaja o no?

No sólo hoy,
    sino toda la vida,
  que seas siempre muy feliz...
  que tu corazón permanezca lleno
    de amor y alegría...
  porque tú eres
    entre todas las madres
  la más buena...
    la más tierna...
      la más querida.

Feliz Día de las Madres

1. Escriba una tarjeta parecida para su madre, o
2. Imagínese que Ud. es la niña del cuento; escríbale una tarjeta a su madre.

VOCABULARIO

Sustantivos

acera sidewalk
amanecer dawn
apoyo support
apretón squeeze
bolsillo pocket
caricia caress
cariño affection
colgar to hang
chispa spark
frasco jar
guerra war
hecho fact
manopla mitten
manto cape
mejilla cheek
niebla fog
parto labor
recursos resources
respaldo security
rincón corner
trenza braid
uña nail
vergüenza embarrassment
verso line (in a poem)

Adjetivos

anhelante anxious
inquieto worried
manchado spotted, stained

Verbos

aprovechar to take the
  opportunity
contar to tell
dejar de to stop
descuidarse not to watch
detener to stop
estrechar to press, to squeeze
evitar to avoid
huir to flee
parar to stop
platicar to chat
procurar to try
rodear to surround
sentir to hear, to feel
suceder to happen

Adverbios

apenas hardly

Expresiones idiomáticas

como que because
estar de acuerdo to agree
montón de a lot of
pagar a plazos to pay on installments
pasarlo bien to have a good time
pase lo que pase whatever may
  happen
por mi parte in my opinion
tener prisa to be in a hurry
tirarse encima to spill something
  on yourself
todo el mundo everyone

¿Vivir para comer o comer para vivir?

3

READING FOR MAIN IDEAS

Today we are bombarded by all sorts of visual advertisements ranging from ads in newspapers and magazines to television commercials. Usually the words that appear in large, dark print attract our attention first; they represent the main ideas that a company wants to communicate to potential customers.

Estudie el siguiente volante *(flyer)* de un supermercado y anote las palabras más importantes.

1. ¿Qué venden aquí? ¿Qué se anuncia en este volante?
2. ¿Cuándo cree Ud. que conviene ir a este lugar? ¿Por qué?
3. ¿Qué tipo de palabras se usan más en el volante: los verbos, los sustantivos o los adjetivos?
4. ¿Qué palabras están más destacadas (*highlighted*) y por qué?
5. Si Ud. estuviera en el supermercado, ¿qué cosas compraría y qué no compraría?
6. ¿Qué moneda cree Ud. que se usa en el país de donde es el volante?

You probably scanned the advertisement to locate the information needed to answer the *¿Comprendió bien?* questions. To what extent did you rely on your knowledge of Spanish-English cognates and contextual clues to answer them?

Printed ads often have a local flavor and contain words that only residents from the area know. Count the words of this kind in the ad and see whether or not they affected your overall comprehension.

¡A PRACTICAR!

A ¿Qué significa esto? En las direcciones se usan muchas abreviaturas. Conecte las abreviaturas de la columna de la izquierda con los términos de la derecha.

Avda. (Av.)   número
esq.   colonia
Esc.   carretera
Col.   teléfono(s)
C.P.   calle
Tel. (tels.)   avenida
N°   escuela
Cra.   código postal
C/   esquina

Ahora, estudie estos otros dos volantes y vea a qué se refieren.

primera parte

1.

COMISARIATO
"DIETETICOS VEGETARIANOS"
Av. Vencedores de Pichincha No. 1641 y Puruhá junto a la esc. Roberto Cruz
SUR: Av. Vencedores de Pichincha No. 1641 y Puruhá junto a la esc. Roberto Cruz
CENTRO: Esmeraldas No. 726 y Guayaquil
NORTE: Av. de la Prensa No. 5478 y Nazareth en la Y de Cotocollao

Ahora Somos "Comisariato"
TENEMOS 3 LOCALES A SU DISPOSICION
AFILIESE INDIVIDUALMENTE Y COMPRE MAS BARATO

Ahora Somos "Comisariato"
TENEMOS 3 LOCALES A SU DISPOSICION
AFILIESE INDIVIDUALMENTE Y COMPRE MAS BARATO

Tienda integral ardi

BELLEZA, ECONOMIA, DIETETICA, SALUD NATURAL
LIBROS - REVISTAS E INFORMACION ECO-NATURISTA
Atendemos de lunes a sábado de 9:00 am. a 1:00 pm. y de 3:00 pm a 7:00 pm.
LOCAL Nº 1 (Sur) Av. Vencedores de Pichincha nº 1641 y Puruhá junto a la esc. Roberto Cruz
LOCAL Nº 2 (Norte) Av. de la Prensa nº 5478 y Nazareth, en la Y de Cotocollao.
Guarde esta hoja y presentela en nuestros locales y solicite el 5 % de descuento.

Estos son algunos de nuestros Productos:

Pan integral - Carne vegetal - Yogurt natural - Queso de soya - Arroz integral
Azúcar morena - Harinas integrales - Salvado - Germen de trigo - Ajonjolí, etc.

Vita-alfalfa - Extracto de malta - Levadura de cerveza - Vita-ortiga - Extracto
de valeriana y de ajo - Lecitina granulada - Nutripolen - Aceite de oliva, etc.

Miel pura de abejas - Melaza - Jalea real - Café de cereales, etc.

Vitaminas naturales - Complementos y Suplementos alimenticios.

Shampoo y Rinse natural de: Romero - Manzanilla - Petróleo - Ortiga y otros.

Cremas Nutritivas - Astringentes - Humectantes de: Pepino - Germen de
trigo - Vitamina E - Jalea Real, etc.

Plantas aromáticas y medicinales.

LIBROS - REVISTAS E INFORMACION ECO-NATURISTA

Atendemos de lunes a sábado de 9:00 am. a 1:00 pm. y de 3:00 pm. a 7:00 pm.
LOCAL Nº. 1 (Sur) Av. Vencedores de Pichincha Nº 1641 y Puruhá, junto a la Esc. Roberto Cruz.
LOCAL Nº. 2 (Norte) Av. de la Prensa Nº. 5478 y Nazareth, en la Y de Cotocollao.

segunda parte

2.

TIENDA DE ALIMENTOS INTEGRALES

LA NATURITA

ESPECIALIDAD EN PASTELES INTEGRALES Y

PAYS, CON DELICIOSO SABOR QUE CONSERVA SUS CUALIDADES NUTRITIVAS

PASTELES PARA CUALQUIER OCASION SOBRE PEDIDO

LE OFRECEMOS TAMBIEN NUESTRO AMPLIO SURTIDO EN:

• CEREALES • COMPLEMENTOS DIETETICOS • PAN INTEGRAL • GALLETAS • DULCES • YOGURT NATURAL • GERMINADOS • PLANTAS MEDICINALES • TES • MIEL • SEMILLAS • HARINAS • LIBROS DE SALUD

SALAZAR No. 3-1. CENTRO (Junto al palacio de Cortés)

CUERNAVACA, MOR.   TEL. 14-10-24

¿Comprendió bien?

1. ¿Qué tienen en común estos dos volantes en cuanto . . .
   a. al tipo de tienda?
   b. a los productos que se venden allí?
   c. a otra información que se le ofrece al cliente?

2. ¿En qué se diferencian las dos tiendas?

3. ¿Qué función tienen los dibujos de los volantes? ¿Qué otros dibujos o fotografías serían mejores para estos dos anuncios?

4. ¿Cuál tienda le interesa más a Ud. y por qué?

5. ¿Con cuál volante se puede conseguir un 5% de descuento?

6. Si Ud. no tiene champú ni acondicionador para el pelo, ¿a qué tienda puede ir?

7. Si necesita una torta de cumpleaños, ¿dónde la puede comprar?

8. ¿Sabe en cuál tienda hacen *pies* de delicioso sabor y nutritivos? ¿Cómo han escrito esta palabra?

Ahora, veamos otro tipo de anuncio comercial: los cupones de rebaja. Como los otros anuncios, los cupones también tienen distintos tipos y tamaños de letras además de ilustraciones. En el cupón que aparece en esta sección, ubique *(locate)* una idea expresada visualmente y una idea expresada por escrito.

1. ¿Cuál es la principal idea visual del anuncio?
2. ¿Cuál es la principal idea escrita? ¿Qué palabra es la más importante del cupón?
3. ¿Cuántos cartoncitos hay que comprar para ahorrar 20¢?
4. El cartoncito tiene el nombre en inglés. Póngale el nombre en español.
5. De los sabores de jugo que se ofrecen, ¿cuál le gusta más a Ud.?

Ahora, estudie este menú y el anuncio de la página siguiente. Use las técnicas de lectura presentadas en este capítulo.

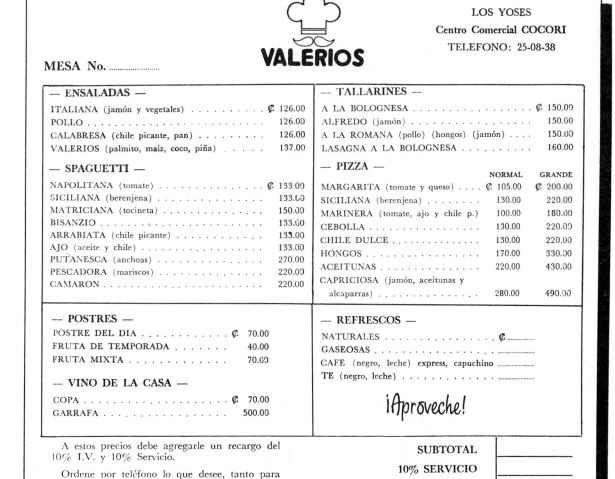

LOS YOSES
Centro Comercial COCORI
TELEFONO: 25-08-38

VALERIOS

MESA No. ....

— ENSALADAS —

ITALIANA (jamón y vegetales) . . . . ¢ 126.00	
POLLO 126.00	
CALABRESA (chile picante, pan) 126.00	
VALERIOS (palmito, maíz, coco, piña) 137.00	

— SPAGUETTI —

NAPOLITANA (tomate) . . . . ¢ 133.00	
SICILIANA (berenjena) 133.00	
MATRICIANA (tocineta) 150.00	
BISANZIO 133.00	
ARRABIATA (chile picante) 133.00	
AJO (aceite y chile) 133.00	
PUTANESCA (anchoas) 270.00	
PESCADORA (mariscos) 220.00	
CAMARON 220.00	

— TALLARINES —

A LA BOLOGNESA . . . . ¢ 150.00	
ALFREDO (jamón) 150.00	
A LA ROMANA (pollo) (hongos) (jamón) 150.00	
LASAGNA A LA BOLOGNESA 160.00	

— PIZZA —

	NORMAL	GRANDE
MARGARITA (tomate y queso)	¢ 105.00	¢ 200.00
SICILIANA (berenjena)	130.00	220.00
MARINERA (tomate, ajo y chile p.)	100.00	180.00
CEBOLLA	130.00	220.00
CHILE DULCE	130.00	220.00
HONGOS	170.00	330.00
ACEITUNAS	220.00	430.00
CAPRICIOSA (jamón, aceitunas y alcaparras)	280.00	490.00

— POSTRES —

POSTRE DEL DIA . . . . ¢ 70.00	
FRUTA DE TEMPORADA 40.00	
FRUTA MIXTA 70.00	

— VINO DE LA CASA —

COPA . . . . ¢ 70.00	
GARRAFA 500.00	

— REFRESCOS —

NATURALES . . . . ¢
GASEOSAS . . . .
CAFE (negro, leche) express, capuchino
TE (negro, leche) . . . .

¡Aproveche!

A estos precios debe agregarle un recargo del 10% I.V. y 10% Servicio.

Ordene por teléfono lo que desee, tanto para llevar, como para comer en nuestro local y en 20 minutos estará listo su pedido.

LOS YOSES 25-08-38

SUBTOTAL	
10% SERVICIO	
10% IMP. VENT.	
TOTAL	

708992 UNIVERSAL

Para su Placer Gastronómico
único en Cuernavaca

"El Mesón Francés Chez Chantal"

Abre para usted un Restaurant de Cocina
Francesa Tradicional

Juegos para Niños, Minigolf, Caballos para Montar

Lo esperamos con su Familia

Nos encontramos en el Km. 64.5 Carretera Federal Cuernavaca-México
A 100 metros de la Desviación a Huitzilac   Tel. 17-40-84

¿Comprendió bien?

1. ¿Qué tipo de restaurantes son? ¿En qué se diferencian?
2. ¿Puede Ud. ver en qué país y ciudad están estos dos restaurantes?
3. ¿En cuál restaurante le gustaría a Ud. comer con sus amigos, y por qué?
4. El menú es de un restaurante de San José, Costa Rica. ¿Qué tipo de restaurante es y cómo sabe Ud. eso?
5. De todas las cosas que ofrece el restaurante costarricense, ¿qué pediría Ud. para comer? ¿Y para tomar?

A En el **Nuevo Almac.** Clasifique Ud. los productos dados en el anuncio del supermercado Nuevo Almac en dos categorías: frutas y verduras.

B En la tienda **Dietéticos Vegetarianos.** El chico que trabaja en esta tienda tiene que colocar algunos letreros en los anaqueles *(shelves)*. Indique cuáles letreros puede usar y cuáles no puede usar. Después, dé dos ejemplos de artículos de cada sección.

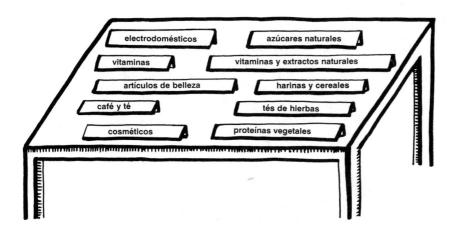

C Abreviaturas. Los anuncios contienen muchas abreviaturas. Escriba las palabras completas en cada caso ($ quiere decir **peso,** y ¢ significa **centavo**).

EJEMPLO: plátanos $79/k. → *plátanos, 79 pesos el kilo*

1. El Mesón Francés Chez Chantal: **Tel.** 17-40-84
2. Tienda de Alimentos Integrales "La Naturita" (dirección): Salazar **No.** 3-1. Centro
3. Jugo de uva Minute Maid: AHORRE 20¢
4. Valerios: A estos precios debe agregarle un recargo del 10% **I.V.** y 10% Servicio.
5. Tienda "Integral" **Av.** Vencedores de Pichincha **No.** 1641 y Puruhá junto a la **Esc.** Roberto Cruz

D Asociaciones.   Aparee las dos columnas de palabras y frases.

1. champiñones   a. al lado
2. comida   b. variedad
3. verduras   c. precios bajos
4. junto   d. alimentos
5. cereales   e. todas las semanas
6. rebajas   f. hongos
7. sabor   g. vegetales
8. semanal   h. gusto
9. surtido   i. harinas

E Restaurante típico.   Imagínese que Ud. va a abrir un restaurante típico (por ejemplo, griego, chino, mexicano) en Buenos Aires.

1. Como Ud. es bilingüe, haga un menú español-inglés para su restaurante, usando de modelo los materiales de esta sección.
2. Escriba un anuncio en español para anunciar la apertura de su restaurante.

Asi es
Si Ud. se sienta a charlar y tomar un refresco en este café, Ud. le da un valor muy diferente al tiempo y al placer de estar con sus amigos.

Reading for details requires careful reading, and careful reading requires patience, especially if a selection contains many unfamiliar words or deals with a topic that is unfamiliar to you. Remember, however, that cognates, prefixes, suffixes, word stems, guessing from contextual clues, scanning, and skimming can help you understand and enjoy a reading passage. Remember that the more you know about the background of a topic, the easier it will be to read about it in Spanish. Here are several tips for locating detailed information on printed materials.

- Locate the main verb and identify its subject.

  Verbs and subjects contain a great deal of information that is often connected to ideas in surrounding sentences. People or things (subjects) carry out actions (verbs);* this tells you essentially what is happening. Some verbs may be commands (which are often used in recipes) such as *añada* (add), *vierta* (pour), *combine* (mix), and *caliente* (heat). Recognizing cognates, knowing word stems, and guessing from context will also help you understand many commands.

- Locate nouns and adjectives describing subjects.

  Adjectives provide more detail in a reading; they give you a clearer picture of the people or things involved. Recognizing adjective endings (masculine or feminine, singular or plural) can help you determine the nouns that they describe.

- Think of whole sentences as context units.

  A context unit includes a main idea and one or more details or examples.

- Reread a passage several times.

  Scan a passage once to get a general idea of what it is about. Skim it once to get more detailed information. Read the passage a third time very carefully to get a deeper understanding of its content.

Si Ud. usa estas técnicas, va a aumentar mucho su comprensión en español. Aplíquelas ahora al leer el siguiente artículo sobre un tema bastante conocido que, por lo mismo, va a serle más fácil de leer.

---

* Remember that in Spanish, the subject will not necessarily be located before the verb.

LA BEBIDA FAVORITA DE TODOS

¿Cuál es la bebida favorita de todos? Una adivinanza bien fácil, ¿no es cierto? ¡Claro que es el café! Solo o con leche o crema, el café se toma prácticamente en todas partes, sin contar con° que también se usa en la cocina para dar un sabor especial a otras bebidas y para preparar dulces. Y si quiere comprobar° esto último, fíjese en las ricas recetas que le damos, en las que figura como uno de los ingredientes principales. Pero hay más: para empezar, encontrará algunos datos° más que interesantes para los amantes del café.

EN EL MERCADO . . .

Actualmente° se consigue el café en muchas formas diferentes, hasta para la gente que no tiene tiempo de prepararlo o que no puede ingerir cafeína por motivos de salud.

Café en grano. Generalmente no se compra de este modo, ya que es preciso° tener en casa un molinillo° para molerlo. Tiene la ventaja, sin embargo, de que suele° conservar durante más tiempo la frescura del café.

Café molido. Es el tipo más popular, y se consigue tanto molido fino como regular. También se puede comprar en las tiendas café molido de forma especial para determinados tipos de cafetera.°

Café "descafeinado". Es tal vez el más "saludable", ya que toda la cafeína ha sido eliminada mediante un proceso industrial a base de vapor y solventes. Este tipo de café es bueno para la gente que no tolera el café café.* Tiene, no obstante,° el inconveniente de que parte del aroma y del sabor característicos del café se pierden en el proceso.

Café instantáneo. Para obtenerlo se prepara el café puro molido, y luego el líquido se evapora mediante un proceso especial. Lo que queda es el café instantáneo. Algunas veces éste se congela° en bloques, se muele y se seca para darle forma granular.

¿CÓMO SE PREPARA?

Tres cosas son necesarias para lograr el café "perfecto": agua clara fresca, utensilios bien limpios y un café que no tenga mucho tiempo de molido.

Lo ideal, claro, es usar café recién molido, pero como esto no es posible en la mayoría de los casos, debe tratar al menos de conservarlo lo más fresco posible. Si suele comprar café tostado en grano, guárdelo en un frasco herméticamente cerrado para que conserve todo su aroma. Si quiere obtener un café de sabor excepcionalmente fresco, congele los granos tostados y muélalos (todavía congelados) cuando lo prepare.

---

* La gente dice "café café" o "café de verdad", es decir, con cafeína.

Glosas (margen):
- coffeepot
- sin embargo
- without taking into account
- verificar
- is frozen
- información
- hoy día
- necesario
- coffee grinder
- usualmente

Si compra el café ya molido, recuerde que se conserva bastante bien antes de abrir el paquete sellado. Una vez abierto, guarde el café en un frasco o envase herméticamente cerrado y ponga éste en el refrigerador. Así protege el café del calor y la humedad que lo hacen perder aroma y sabor. Si lo desea, puede guardarlo en el congelador.

Para lograr que la cafetera permanezca siempre inmaculada, lávela inmediatamente después de usarla con agua jabonosa caliente, y luego enjuáguela con agua clara también caliente. Lave las partes de metal de la cafetera y los intersticios más difíciles de alcanzar con un cepillo para fregar.°

En cuanto al agua, es preferible que no esté caliente al comenzar la preparación del café. Mientras más clara y fresca esté el agua, mejor es el resultado final.

La cantidad de café a emplear en una determinada cantidad de agua depende más bien de la costumbre y del gusto individual. En general, por cada tres cuartos de taza se usan de una a tres cucharadas° de café.

Nunca prepare café con la borra° ya usada. Siempre sírvalo de inmediato, o después de una hora a lo sumo.° A partir de ese momento, el café va perdiendo su aroma y desarrollando un gusto ligeramente amargo.° Esto también suele ocurrir cuando Ud. recalienta el café.

DISTINTOS TIPOS DE CAFÉ

Aparte de la calidad del café, una de las cosas que más cambia el sabor es el tiempo que se emplea para tostarlo.* De acuerdo con esto, hay tres tipos principales de café: café tipo **americano**, el más suave, de color más bien claro; café tipo **francés o vienés**, intermedio, de color un poco más oscuro que el anterior y sabor más fuerte y ligeramente más amargo (perfecto para tomar con leche); y café tipo **italiano**, de color más oscuro, con un gusto entre dulce y amargo. Este tipo de café se usa para preparar café expreso.

Los distintos tipos de café pueden variar no sólo según el sabor, sino también de acuerdo con la acidez (algunos tienen un ligero sabor ácido mientras que otros son casi dulces), la consistencia (similar más o menos al "cuerpo" del vino) y el aroma (el grado de fragancia).

De acuerdo con esto, hay muchos tipos diferentes de café que toman a menudo su nombre del lugar donde crece° el grano o el nombre de la mezcla utilizada al tostarlo. Si va a "experimentar" con alguno de ellos, tenga en cuenta que un café más o menos espeso° no tiene nada que ver con el sabor o la consistencia de un determinado tipo, sino más bien con la cantidad de café que se utilice al prepararlo (a mayor cantidad de café por taza de agua, más negro y espeso queda el café).

lavar, limpiar

se cultiva

tablespoons

coffee grounds   thick

máximo

a bit (slightly) bitter

* Cuando se emplea más tiempo, el café queda más tostado y más oscuro.

Santos Bourbon. Café brasileño de sabor suave, con consistencia mediana y ligeramente ácido.

Maracaibo. Venezolano, de sabor delicado y consistencia cremosa, con un contenido de acidez muy bajo.

Altura Coatepec. Mexicano, ideal para preparar café negro. Tiene un gusto suave, ligeramente ácido.

tasting like almonds

Yemenita. Es el clásico café tipo moka, con un ligero gusto a chocolate. Aunque el verdadero café moka no es fácil de conseguir, sí existen variantes que se logran tostando el café con granos de cacao o también con licor de chocolate.

Indonesio. Este es el famoso café de Java, con un gusto suavemente ácido que permanece en el paladar° después del último trago.° El término "de Java" no sólo se refiere a un tipo específico de café, sino también a una técnica de cultivo, así como a la forma de almacenar° el grano y tostarlo. Esto le da al café un gusto único.

palate
swallow

to store

Moka-Java. Una mezcla clásica, que generalmente se prepara con una parte de café tipo moka por cada dos partes de Java. Es un café ligero y aromático.

Colombiano (Medellín). Un café de renombre mundial, de sabor fuerte y buena consistencia, que se cultiva en las laderas° de los Andes. Tiene un toque ácido perfectamente equilibrado con el sabor.

slopes

Colombiano Supremo. De calidad superior, con una rica textura, se cultiva en los picos andinos.

Etíope. Este café tiene un gusto peculiar (como si se le hubieran añadido algunas gotas de vino). El tipo más conocido es el llamado Harrar.

Costarricense. Es de tan buena calidad como el café colombiano, pero tiene un gusto un poco más suave.

De Hawai. Se conoce comúnmente como Kona, y tiene un sabor suave con un gusto ligeramente almendrado.°

DELICIAS DE CAFÉ

Café vienés

Ingredientes

3 ramitas de canela°

8 tazas de café negro caliente

Crema de leche batida°

Canela molida (opcional)

cinnamon

whipped

Preparación

1. Coloque las ramitas de canela en la cafetera de servir, y añada el café caliente. Deje reposar unos cinco minutos.

2. Vierta el café en las tazas, y adorne la superficie con una cucharada de crema batida. Si quiere, espolvoree sobre la crema una pizca de canela molida.

Dulce de nueces° y café

walnuts

Ingredientes

2½ tazas de azúcar

1 taza de leche evaporada

½ taza de agua

½ taza de mantequilla

1½ cucharadas de café instantáneo

¼ de taza de nueces picadas°

chopped

Preparación

1. Engrase un molde cuadrado de 20 cm (8 pulgadas°).

2. Combine el azúcar, la leche, el agua y la mantequilla en una olla. Diluya bien el café en una cucharada de agua, y añádalo.°

3. Caliente a fuego bajo removiendo hasta que el azúcar se haya disuelto. Deje que hierva° un poco, removiendo para evitar que la mezcla se pegue° a la olla.

4. Retire la olla del calor, colóquela en una superficie fresca y añada las nueces. Bata con una cuchara de madera hasta que se forme una crema espesa.

5. Vierta la mezcla en el molde engrasado, y déjela reposar hasta que esté casi fría. Trace entonces en la superficie un cuadriculado valiéndose de la punta de un cuchillo. Cuando llegue la hora de servir, corte por las marcas la mezcla ya fría, y sirva los cuadrados en una dulcera.

inches

agréguelo

boil *sticks*

A la hora de servir

Ya se terminó la comida, y es el momento de servir el café. ¿Lo sirve usted siempre del mismo modo? Ensaye° algunas de las combinaciones que le damos a continuación cuando quiera experimentar, o simplemente darle un sabor diferente.

pruebe

Café irlandés. Ponga en cada taza una cucharadita de azúcar y dos cucharadas de whisky, y termine de llenar con café bien caliente. Agregue una cucharada de crema batida fría sobre el café. El café irlandés se toma sin remover, a través de la capa de crema. Es aconsejable aguardar unos minutos para que la crema tome el aroma del whisky.

Café capuchino. Prepare el café como de costumbre y viértalo en las tazas. Espolvoree la superficie de cada una con un poco de canela o de nuez moscada° molida. Corone con crema batida.

nutmeg

Café espumoso.° Se prepara con café instantáneo. Ponga en cada taza una cucharadita de azúcar y una de café instantáneo. Agregue un chorrito° de agua fría, y bata vigorosamente hasta que se forme una pasta espesa. Agregue el agua caliente y revuelva para mezclar bien.

foamy

dash

Café especial. Prepare café negro, y sírvalo en tacitas pequeñas. Añada a cada una un chorrito de vainilla o de su licor favorito (de menta, de chocolate, de anís, ¡hasta de café!).

Tomado de "Sobre el café" de la revista IDEAS, *Año 10, Nº 5, mayo, 1987, páginas 62-65.*

A Indique la(s) frase(s) que mejor complete(n) cada oración.

1. Indique la frase incorrecta: Si se compra café en grano hay que tener . . .

   a. una taza para to-   c. una cafetera para
       marlo.   prepararlo.
   b. un molinillo para   d. un congelador para
       molerlo.   congelarlo.

2. No es preciso tener molinillo si se compra . . .

   a. café en grano.   c. café descafeinado.
   b. café molido.   d. café instantáneo.

3. El café ____ tiene el mejor sabor.

   a. en grano   c. descafeinado.
   b. molido   d. instantáneo.

4. Si se compra café molido, es mejor guardarlo en . . .
   a. una olla.   c. una cafetera.
   b. un refrigerador.   d. una taza.

5. Para preparar el café es importante lavar y enjuagar muy bien . . .

   a. la cafetera.   c. los intersticios.
   b. el café.   d. la borra.

6. Nombre los tres tipos de café que se pueden encontrar en las tiendas. *americano, francés, italiano Vienés*

B Conteste las siguientes preguntas personales.

1. De los once tipos de café que se describen en el artículo, ¿cuál le gustaría probar y por qué? *Yemenita, porque a mi me gusta el chocolato Café especial*
2. De las cuatro maneras de servir el café que aparecen en la página 52, ¿cuál le gustaría probar y por qué?
3. De las recetas que se dan en el artículo, ¿cuál le parece más deliciosa a Ud. y por qué?

¡A PRACTICAR!

Si no quiere café con leche para el desayuno, pida churros con chocolate espeso.

A **¿Recuerda Ud.?** Indique la palabra que mejor complete cada oración.

1. Una almendra es un tipo de (café / nuez / frasco / vino).
2. Una cucharada es (más / menos) grande que una cucharadita.
3. La canela es (dulce / amarga / almendrada / cremosa).
4. Se prepara el café en una (cafetera / dulcera / bebida / capa).
5. En Colombia el café crece en (la frescura / el paladar / las laderas / la mezcla) de las montañas.
6. El agua fría corresponde a agua (hervida / natural / clara / jabonosa) y el agua caliente corresponde a agua (dulce / espumosa / hervida / congelada).

B **Asociaciones.** En la siguiente lista hay ocho pares de sinónimos y dos pares de antónimos. Búsquelos y aparéelos.

agregar	comprobar	máximo
al comenzar con	datos	necesario
a lo sumo	dulce	no obstante
amargo	fregar	preciso
añadir	frío	sin embargo
a partir de	información	verificar
caliente	limpiar	

C **Busque los cognados.** Busque en el artículo los cognados de las siguientes palabras. ¿Hay algunos cognados falsos también?

1. ingredients
2. characteristics
3. favorite
4. evaporates
5. special
6. actually
7. inconvenient
8. blocks
9. process
10. grain

D ¡Adivine por el contexto!   Traduzca las palabras y frases en negrita.

1. ¿Cuál es la bebida favorita de todos? **Una adivinanza** bien fácil, ¿no es cierto? ¡Claro que el café!

2. Café en grano. Generalmente no se compra de este modo, ya que **es preciso** tener en casa un molinillo para **molerlo.**

3. Café "descafeinado". Es tal vez el más "saludable", **ya que** toda la cafeína ha sido eliminada mediante un proceso industrial **a base de vapor y solventes.**

4. Para **lograr** que la cafetera permanezca siempre inmaculada, lávela inmediatamente después de usarla con **agua jabonosa caliente,** y luego **enjuáguela** con agua clara también caliente.

5. Si quiere, **espolvoree** sobre la crema **una pizca** de canela molida.

E ¿Qué toma Ud.?   Complete las siguientes oraciones personales.

Normalmente, tomo _____ con el desayuno. En la tarde prefiero tomar _____ con el almuerzo (la comida) y con la cena me gusta tomar _____ . Cuando salgo con mis amigos a un restaurante, tomo _____ y cuando vamos a una discoteca prefiero tomar _____ . Mi bebida favorita es _____ .

F Informe oral o escrito.   Vaya Ud. a la biblioteca a buscar más datos sobre el café, por ejemplo, los lugares donde se lo cultiva, cómo se cosecha *(harvest),* su producción y proceso, su exportación e importación y otra información adecuada. Luego, presente estos datos en forma oral o escrita, depende de lo que indique su profesor(a).

UNDER-STANDING A POEM

Poetry is more "intense" and "concentrated" than prose. Poets express their personal, emotional experiences through use of imagery, symbolism, and rhyme. Poets often make heavy use of metaphors *(metáforas),* which are words that can symbolize people, places, things, or ideas. For example, in the poem below, Pablo Neruda personifies the common onion as having a belly *(vientre)* as well as a power to influence people *(Cómo fecunda tu influencia el amor de la ensalada).*

Al leer el poema de Neruda, ubique por lo menos otras tres metáforas y escriba su significado literal en paréntesis. Use sus técnicas de lectura para adivinar los significados de las palabras nuevas en vez de buscarlas en el diccionario. Algunas palabras claves están traducidas en el margen para ayudarlo(la) un poco.

Pablo Neruda (1904-1973), poeta chileno, es considerado una de las figuras más importantes de la poesía hispana. Recibió el Premio Nobel de Literatura en 1971. En esa época Neruda era embajador de Chile en Francia, en representación del gobierno chileno. En su poema "Oda a la cebolla", exalta a la cebolla como una cosa extraordinaria en una escena de pura fantasía. La cebolla es un ingrediente básico en prácticamente cualquier comida chilena y, por eso, el poema parece tener una función social tanto como artística.

ODA A LA CEBOLLA

Cebolla,
luminosa redoma,°   *laboratory flask*
pétalo a pétalo
se formó tu hermosura,
5 escamas° de cristal te acrecentaron°   *scales* / *te hicieron más grande*
y en el secreto de la tierra oscura
se redondeó tu vientre de rocío.°   *abdomen (belly) of dew*
Bajo la tierra
fue el milagro
10 y cuando apareció
tu torpe tallo° verde,   *stem*
y nacieron
tus hojas como espadas° en el huerto,°   *swords* / *vegetable garden*
la tierra acumuló su poderío
mostrando tu desnuda transparencia,
y como en Afrodita el mar remoto
duplicó la magnolia
levantando sus senos,°   *breasts*
la tierra
20 así te hizo,
cebolla,
clara como un planeta,
y destinada
a relucir,
25 constelación constante,
redonda rosa de agua,
sobre
la mesa
de las pobres gentes.

30 Generosa
deshaces
tu globo de frescura
en la consumación
ferviente de la olla,
35 y el jirón° de cristal — *shred*
al calor encendido del aceite
se transforma en rizada pluma° de oro. — *feather*

También recordaré cómo fecunda
tu influencia el amor de la ensalada,
40 y parece que el cielo contribuye
dándote fina forma de granizo° — *hail*
a celebrar tu claridad picada
sobre los hemisferios de un tomate.
Pero al alcance
45 de las manos del pueblo,
regada° con aceite, — *sprinkled*
espolvoreada
con un poco de sal,
matas el hambre
50 del jornalero° en el duro camino. — *obrero*
Estrella de los pobres,
hada° madrina — *fairy*
envuelta
en delicado
55 papel, sales del suelo,
eterna, intacta, pura
como semilla de astro,
y al cortarte
el cuchillo en la cocina
60 sube la única lágrima
sin pena.
Nos hiciste llorar sin afligirnos.° — *making us sad*
Yo cuanto existe celebré, cebolla,
pero para mí eres
65 más hermosa que un ave° — *pájaro*
de plumas cegadoras,° — *dazzling*
eres para mis ojos
globo celeste, copa de platino,° — *platinum*
baile inmóvil
70 de anémona nevada° — *snowy, white*
y vive la fragancia de la tierra
en tu naturaleza cristalina.

Tomado de Odas elementales *por Pablo Neruda, Editorial Losada, Buenos Aires,*
1967, páginas 41-43.

¿Comprendió bien?

El poeta usa muchísimas imágenes para escribir sobre la cebolla. Sus imágenes describen a la cebolla de una manera visual, muy gráfica. Con un(a) compañero(a), clasifiquen las imágenes de la lista en las categorías que les sugerimos. Por supuesto, hay algunas imágenes que pueden estar en dos categorías; en estos casos, discutan la mejor clasificación con otro par de compañeros(as).

El poeta usa imágenes que se pueden asociar con:

> **una flor**
> **el agua**
> **el cielo y los astros**
> **las plumas de las aves**
> **el cristal y la transparencia**

EJEMPLO: es una **luminosa redoma**   *astros, transparencia*
tiene **vientre de rocío**   *agua, transparencia*

1. **pétalo a pétalo** se formó tu hermosura
2. **escamas de cristal** te acrecentaron
3. la tierra mostró tu **desnuda transparencia**
4. eres **clara como un planeta**
5. la cebolla es una **constelación constante**
6. es una **redonda rosa de agua**
7. es un **globo de frescura**
8. es un **jirón de cristal**
9. se transforma en **rizada pluma de oro**
10. eres como **granizo** sobre mi ensalada
11. eres **claridad picada** sobre los hemisferios de un tomate
12. eres la **estrella de los pobres**
13. eres un **hada madrina envuelta en delicado papel**
14. eres **semilla de astro**
15. más hermosa que **un ave de plumas cegadoras**
16. eres un **globo celeste**
17. eres una **copa de platino**
18. eres una **anémona nevada**
19. vive la fragancia de la tierra en tu **naturaleza cristalina**

A Impresiones. Ahora diga Ud. qué impresión le causó este poema. Por ejemplo, escriba sobre . . .

1. **lo objetivo:** En el primer párrafo, escriba un resumen de lo que dice Neruda en el poema.
2. **lo subjetivo:** En el segundo párrafo, describa los sentimientos del poeta.
3. **lo personal:** En el tercer párrafo, describa sus propios sentimientos sobre el poema.

B Más lenguaje poético. En este otro fragmento de poema, Miguel Hernández, poeta español, también escribe sobre la cebolla.

> La cebolla es escarcha°   *frost*
> cerrada y pobre.
> Escarcha de tus días
> y de mis noches.
> Hambre y cebolla,
> hielo negro y escarcha
> grande y redonda.

*Fragmento de "Nanas de la cebolla"
por Miguel Hernández, Obra poética
completa, Colección Guérnica, 1976,
páginas 138-141.*

1. ¿En qué se parecen las imágenes de los dos poetas cuando escriben sobre la cebolla?
2. ¿De qué color es el hambre para Hernández? ¿Y para Ud.?

C Antónimos. Aparee las palabras de la primera columna con sus palabras opuestas (**antónimos**) de la segunda columna.

1. bajo
2. cielo
3. nacer
4. desnuda
5. redonda
6. luminosa
7. hermosura
8. desaparecer

a. tierra
b. sobre
c. vestida
d. semilla
e. morir
f. cuadrada
g. matar
h. fealdad
i. aparecer
j. afligir
k. oscura

D **Sobre lo natural.** Busque en el poema las palabras que corresponden a las siguientes definiciones. A veces hay más de una palabra.

EJEMPLO: verdura que nos hace "llorar" al cortarla: **cebolla**

1. un metal muy valioso
2. otra palabra para "pájaro"
3. lugar en que se cultivan las cebollas
4. bolitas de hielo que caen del cielo
5. les dan protección a los peces
6. les dan protección a los pájaros
7. gotas de agua en las plantas por la madrugada
8. palabra que viene de la palabra "nieve"
9. palabra muy común que significa "estrellas"
10. planeta en que todos vivimos

E **¡Ud. también puede escribir poemas!** Ahora a ver si Ud. es poeta (poetisa). Siga el modelo y vea el ejemplo para componer un buen poema suyo.

verso 1:   Escriba el nombre del tema de su poema.
verso 2:   Describa el tema con dos adjetivos.
verso 3:   Describa una acción sobre el tema con tres verbos terminados en **-ando** o **-iendo.**
verso 4:   Exprese una opinión sobre el tema con una frase de cuatro palabras.
verso 5:   Déle otro nombre a su tema, pensando en lo que Ud. escribió.

EJEMPLO:

Corazón.
Rojo, cálido.
Palpitando, pensando, sintiendo.
Mente llena de amor.
¡Felicidad!

F **Análisis.** Busque un poema corto en español y léalo bien varias veces. Luego, analice los símbolos y los sentimientos del poema. Escriba un informe sobre sus resultados y/o léale el poema a un grupo de sus compañeros.

VOCABULARIO

Sustantivos

alimento food
anaquel shelf
ave bird
borra coffee grounds
cafetera coffeepot
canela cinnamon
cosecha harvest
cucharada tablespoon
champiñones mushrooms
chorrito dash
datos information
escama fish scale
escarcha frost
espada sword
granizo hail
gusto taste
hada fairy
harina flour
huerto vegetable garden
jirón shred
jornalero day worker
ladera slope
metáfora metaphor

miel honey, syrup
molinillo coffee grinder
nuez walnut
nuez moscada nutmeg
paladar palate
palta (aguacate) avocado
pastel cake or pastry
placer pleasure
platino platinum
pluma feather
pulgada inch
redoma laboratory flask
rocío dew
sabor flavor
semilla seed
seno breast
surtido assortment
tallo stem
trago swallow
verduras vegetables
vientre belly
volante flyer

Adjetivos

almendrado tasting like almonds
amargo bitter
batido whipped
cegador dazzling
cualquier any
destacado highlighted

espeso thick
espumoso foamy
nevado snowy
picado chopped
semanal weekly

Verbos

acrecentar to enlarge
afligir to sadden
agregar to add
almacenar to store
añadir to add
calentar (ie) to heat
combinar to mix
comprobar to verify
congelar to freeze
contar (ue) con to take into
 account

crecer to grow
ensayar to experiment
fregar to scrub
hervir (ie) to boil
pegarse to stick (to something)
rebajar to reduce (in cost)
regar (ie) to sprinkle
soler (ue) to usually + verb
vertir (ie) to pour

Adverbios

actualmente nowadays

ligeramente slightly

Expresiones idiomáticas

a lo sumo at the most
es preciso it is necessary

junto a next to
no obstante nevertheless

¿Vivir o sobrevivir en la ciudad?

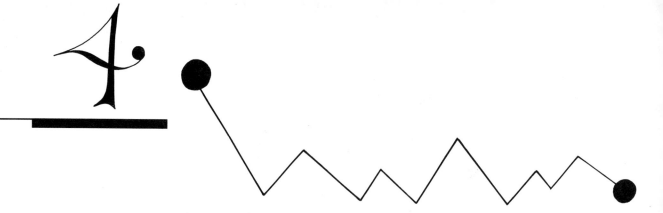

DISCOVERING MEANING THROUGH ORGANIZA-TIONAL FEATURES

You have learned to read Spanish more easily by using a variety of reading techniques rather than relying on inefficient techniques such as using a bilingual dictionary. You can also become a more proficient reader by paying attention to certain elements of the reading.

- Note the **title** of a passage, which is important because it introduces the main topic.
- Look at the **illustrations,** especially those with **captions,** before you actually begin reading the text. Photographs, drawings, diagrams, and graphs provide clues about what the passage is about. Titles and illustrations complement each other in this way.
- Read the **first sentence** in the passage, which launches the reader into the main body of the text by setting the tone for the rest of the passage.
- Note **key words and phrases** that are repeated throughout the passage, which can lead you to discover its main ideas.
- Read the **conclusion** at the end of the passage, which provides a kind of summary of the main ideas presented.

Follow the five suggestions above as you read about a famous city known as *el París de América.*

1. Read the title of the article. What is this passage about?
2. Look at the illustrations that accompany the article and read their captions. How do the title and the illustrations complement each other?
3. Read the first sentence of the article. What have you learned about Buenos Aires so far? As you continue reading, try to anticipate what information is coming.
4. As you read, note the key words and phrases that form the main ideas in the passage.
5. Read the sentence that contains the conclusion of the article. How does it summarize what you read?

Buenos Aires,
PUERTO DEL DESTINO

Buenos Aires, una de las *cities of destiny* que se les olvidó a Toynbee, famoso historiador inglés, es también una ciudad histórica del occidente cristiano. Fundada por Pedro de Mendoza en medio del hambre y la soledad, su vida comenzó el tres de febrero de 1536. Pero la vida de esta primera Buenos Aires fue corta y trágica por los continuos combates con los indios. Entonces, Domingo de Irala decidió abandonarla en 1541. Aunque algunos pobladores no querían irse, la ciudad fue incendiada° y finalmente abandonada.

No obstante tan trágico comienzo, Juan de Garay, un español de Viscaya, vuelve al puerto en 1580 y funda la ciudad por segunda vez. Y esta vez sí que la ciudad acepta su doble destino de puerta a un rico país y de cuna° de una nueva cultura y civilización. Cuatro siglos después, Buenos Aires ha respondido con creces al llamado de la historia y se ha convertido en la ciudad hispanohablante más grande y más dinámica de la América del Sur y en una ciudad importante del occidente cristiano.

Como era de esperar° desde un principio, Buenos Aires aceptó su destino de puerto y de puerta antes que nada.° Por sus muelles° han pasado no sólo grandes riquezas materiales como trigo,° ganado, plata, y maquinaria pesada, sino que también millones de inmigrantes que han contribuido su trabajo y su inteligencia al genio creador de la raza argentina. Capital financiera y comercial del cono sur, Buenos Aires maneja billones de dólares en transacciones comerciales en sus numerosos bancos a la vez que° trata de resolver los graves problemas que produce su enorme deuda externa.°

Capital cosmopolita formada por varios grupos étnicos, Buenos Aires probablemente tiene más italianos que Nueva York y más

set on fire

cradle

as was to be expected

before anything else
docks
wheat

while

foreign debt

se juntan

gente de Galicia,   metro
  España

           untiring
           de prisa
           gusto
villas; shaded   en busca

La Plaza de Mayo (con la Casa Rosada al fondo), puerta del sentir de esa masa palpitante y vital que son los porteños.

judíos rusos que Chicago. A ellos se unen° grandes grupos de gallegos,° polacos, alemanes, ingleses, irlandeses y escoceses. En 200 kilómetros cuadrados de superficie, hay en Buenos Aires barrios para todos los gustos. San Telmo es para los que les gustan las cosas viejas; la Boca es para los turistas; el barrio norte evoca claras imágenes europeas; Flores es el barrio romántico y Belgrano, con sus quintas sombreadas° por árboles espléndidos, es el barrio de lugares históricos y casas maravillosas. En realidad, ahora hay varias Buenos Aires unidas por el

gusto exquisito por la vida, la actividad febril de sus calles, el señorial "subte",° y el peculiar acento de su gente intensa y extraordinariamente creativa. Son más de doce millones de habitantes que hablan múltiples lenguas y que cada día crean la realidad argentina con su incansable° actividad. Es una masa siempre apurada,° palpitante, vital, en busca del placer,° en procura° del diario sustento, en la esperanza de escapar al diario quehacer doméstico.

Hoy y aquí, Buenos Aires es una enorme ciudad moderna,

centro financiero, sede° de empresas multinacionales, corazón de la
cultura sudamericana del sur,
capital del arte, el teatro, el cine
y la industria editorial sureña,
complicado cerebro donde ahora
se piensan los complejos problemas de Latinoamérica y las irre-
primidas aspiraciones individua-
les y colectivas. En una palabra,
Buenos Aires es una de las "ciudades del destino" de nuestro
mundo en rápida transformación.

*Tomado de "Buenos Aires, ciudad del
destino" por Cristián García-Godoy.*
Américas, *vol. 32, junio-julio de
1980, páginas 36-44.*

center

San Telmo es para
los que les gustan
las cosas viejas.

¿Comprendió bien?

Indique la oración que mejor expresa la idea principal de cada párrafo del artículo. Si no está de acuerdo con ninguna de ellas, escriba otra oración.

1. párrafo 1

   a. Buenos Aires tuvo muy mala suerte al principio.
   b. Había muchos ataques de indios y un montón de pestes en la Argentina.
   c. El Río de la Plata contribuyó a la destrucción de Buenos Aires.
   d. Se fundó la ciudad de Buenos Aires en el año de 1536.

2. párrafo 2

   a. Una ciudad muy importante de Sudamérica es Buenos Aires.
   b. Buenos Aires tiene un doble destino en el Nuevo Mundo.
   c. Por fin, Buenos Aires fue fundada otra vez en 1580.
   d. Juan de Garay fundó la importante ciudad de Buenos Aires.

3. párrafo 3

   a. La Argentina es un país muy rico en productos de exportación como trigo, ganado, plata y maquinaria pesada.
   b. Billones de dólares pasan por los bancos de Buenos Aires y, por eso, es una ciudad muy importante en el mundo financiero.
   c. Millones de inmigrantes de distintos países han contribuído muchísimo a la cultura argentina.
   d. Durante sus cuatro siglos de existencia, Buenos Aires se hizo un puerto importante y cuna de una nueva cultura y civilización.

4. párrafo 4

   a. Buenos Aires es una ciudad moderna puesto que tiene un metro limpio y eficiente.
   b. Buenos Aires es una ciudad verdaderamente dinámica e interesante.
   c. La gente de Buenos Aires es extraordinariamente creativa porque viene de diversas culturas.
   d. Buenos Aires tiene muchos barrios que representan diversas culturas del mundo.

A **Ciudades del destino.** El autor dice que Buenos Aires es una de las ciudades del destino. ¿Qué rasgos caracterizan a estas ciudades? Con un(a) compañero(a) indíquenlos en la lista que sigue.

gran cantidad de habitantes

multiplicidad de razas e idiomas

creatividad y originalidad de sus gentes

gran actividad financiera y comercial

la gente habla de una manera diferente

graves problemas de delincuencia y contaminación ambiental

puertos de mar

el tráfico

la antigüedad

la inmensidad

el caos

la suciedad

la belleza

B **¿Cuál conocen Uds.?** Ahora que tienen las características, describan en un párrafo una ciudad del destino que Uds. conozcan. Refiéranse a las actividades principales y a las gentes de la ciudad, usando las ideas de la lectura como modelo.

EJEMPLO: La Ciudad de Nueva York/Los Angeles también es una ciudad del destino porque . . .

C Barrios típicos.   El autor ha descrito algunas características de los barrios de Buenos Aires. Usando estas descripciones como ejemplo, escriban una descripción de dos o tres barrios de su ciudad del destino. Además, Uds. pueden agregar una descripción de la gente de la ciudad. Refiéranse a una enciclopedia si necesitan más información.

EJEMPLO: En _____ hay varios barrios típicos construídos por distintos grupos de inmigrantes. Por ejemplo, los . . . , que se dedicaban a la construcción y a . . . , levantaron un barrio eminentemente industrial que tiene . . .

D Mi ciudad.   En tres párrafos, describa su ciudad o una ciudad que Ud. conozca bien, usando el siguiente modelo. Busque los datos en una enciclopedia si es necesario.

Párrafo 1: el pasado. Mi ciudad fue fundada en _____ (año) por _____ (persona/s). Al principio, pasaron cosas muy interesantes. Por ejemplo, en _____ (año) . . . [Explique en detalle lo que pasó.]

Párrafo 2: el presente. Actualmente _____ es conocida por varias cosas. Primero , . . . Segundo, _____ es conocida por . . .

Párrafo 3: el futuro. Creo que _____ tiene un destino (magnífico / bueno / malo) porque . . .

A short story usually has three parts: an introduction, a plot, and a conclusion. In the introduction *(la introducción)*, the short story writer has to capture the reader's attention immediately by describing the setting *(la escena)* and by introducing the main characters *(los personajes)*. Then the plot *(la trama)* begins to develop as the characters interact with each other. Finally, the interest of the story peaks *(el clímax)* just before the conclusion *(el desenlace)*. As you read the short story that begins on page 72, make an outline of the three parts. Here are several questions to help you.

UNDER-STANDING A SHORT STORY

- la introducción
    1. ¿Cómo es la descripción de la escena que nos pinta el cuentista? Piense en el lugar de la acción, el paisaje, el tiempo y la hora del día.
    2. ¿Cuántos personajes hay y cómo se llaman? ¿Cómo son los personajes: su edad, su aspecto físico, su estado civil y emocional?

- la trama
    1. En pocas palabras, ¿qué pasa en el cuento?
    2. ¿Qué importancia tiene cada personaje para la acción del cuento?
    3. ¿Cuál es el punto culminante o clímax del cuento?

- el desenlace
    1. ¿Cómo solucionan sus problemas y conflictos los personajes del cuento?
    2. ¿Qué piensa Ud. después de haber leído el cuento?

Al leer el cuento, préstele atención a los siguientes aspectos:

1. el título
2. las ilustraciones y leyendas correspondientes
3. la primera oración del cuento
4. las palabras y frases claves
5. el fin o desenlace

Los amigos

El siguiente cuento ocurre en Buenos Aires. El autor es Julio Cortázar (1914-1984), escritor argentino que nació en Bruselas, Bélgica, donde su padre era diplomático. Su familia volvió a la Argentina en 1918 y el niño aprendió a hablar español allá. Cortázar se tituló en la Universidad Nacional de Buenos Aires y después trabajó unos años de profesor. En 1951 se mudó a París donde murió en 1984. En París se dedicó a escribir y traducir, sirviendo a veces como intérprete de la UNESCO. A Cortázar le gusta expresarse de una manera original, ya que quiere explorar el mundo real por medio de la fantasía. Sus obras más conocidas son la novela Rayuela (1963) y varios volúmenes de cuentos como Final del juego (1956). Sus obras se han traducido a muchos idiomas y también se han convertido en guiones (scripts) de excelentes películas como Blow-up.

En ese juego todo tenía que andar rápido. Cuando el Número Uno decidió que había que liquidar a Romero y que el Número Tres se encargaría° del trabajo, Beltrán recibió la información pocos minutos más tarde. Tranquilo pero sin perder un instante salió del café de Corrientes y Libertad y se metió en un taxi. Mientras se bañaba en su departamento, escuchando el noticioso,° se acordó de que había visto por última vez a Romero en San Isidro, un día de mala suerte en las carreras.° En ese entonces Romero era un tal Romero, y él un tal Beltrán; buenos amigos antes de que la vida los metiera° por caminos tan distintos. Sonrió casi sin ganas,° pensando en la cara que pondría Romero al encontrárselo de nuevo, pero la cara de Romero no tenía ninguna importancia y en cambio había que pensar despacio en la cuestión del café y del auto. Era curioso que al Número Uno se le hubiera ocurrido hacer matar a Romero en el café de Cochabamba y Piedras, y a esa hora; quizá, si había que creer en ciertas informaciones, el Número Uno ya estaba un poco viejo. De todos modos, la torpeza° de la orden le daba una ventaja; podía sacar el auto del garaje, estacionarlo con el motor en marcha° por el lado de Cochabamba, y quedarse esperando a que Romero llegara como siempre a encontrarse con los amigos como a eso de las siete de la tarde. Si todo salía bien evitaría que Romero entrase en el café, y al mismo tiempo que los del café vieran o sospecharan su intervención. Era cosa de suerte y de cálculo, un simple gesto (que Romero no dejará de ver, porque era un lince°), y saber meterse en el tráfico y pegar la vuelta a toda máquina.° Si los dos hacían las cosas como era debido—y Beltrán estaba tan seguro de Romero como de él mismo—todo quedaría despachado en un momento. Volvió

would take care of

the news
(horse) races

took deseos

clumsiness
andando

sharp-sighted person, "fox"
make a sharp turn around the corner

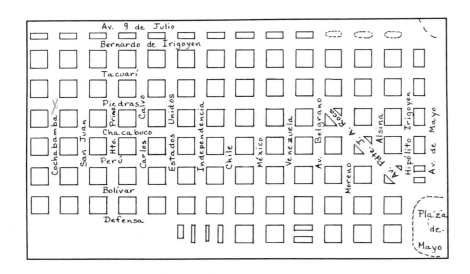

¿Dónde ocurrió el crimen?

a sonreír pensando en la cara del Número Uno cuando más tarde, bastante más tarde, lo llamara de algún teléfono público para informarle de lo sucedido.° de lo que pasó

Vistiéndose despacio, acabó el atado° de cigarrillos y se miró un momento al espejo.° Después sacó otro atado del cajón, y antes de apagar° las luces comprobó que todo estaba en orden. Los gallegos del garaje le tenían el Ford como una seda.° Bajó por Chacabuco, despacio, y a las siete menos diez se estacionó a unos metros de la puerta del café, después de dar dos vueltas a la manzana esperando que un camión de reparto° le dejara el sitio. Desde donde estaba era imposible que los del café lo vieran. De cuando en cuando° apretaba un poco el acelerador para mantener el motor caliente; no quería fumar, pero sentía la boca seca y le daba rabia.°

A las siete menos cinco vio venir a Romero por la vereda de enfrente; lo reconoció en seguida por el chambergo° gris y el saco cruzado.° Con una ojeada° a la vitrina° del café, calculó lo que tardaría en cruzar la calle y llegar hasta allí. Pero a Romero no podía pasarle nada a tanta distancia del café, era preferible dejarlo que cruzara la calle y subiera la vereda. Exactamente en ese momento, Beltrán puso el coche en marcha y sacó el brazo por la ventanilla. Tal como había previsto, Romero lo vio y se detuvo sorprendido. La primera bala° le dio entre los ojos, después Beltrán tiró al montón° que se derrumbaba.° El Ford salió en diagonal, adelantándose limpio a un tranvía,° y dio la vuelta por Tacuarí. Manejando sin apuro,° el Número Tres pensó que la última visión de Romero había sido la de un tal Beltrán, un amigo del hipódromo° en otros tiempos.

pack	
mirror	extinguir
en buenísimas condiciones	
delivery truck	
a veces	
se enojó	
sombrero	double-breasted
mirada	shop window
bullet	
heap (of the body)	se caía
streetcar	
prisa	
racetrack	

Tomado de **Final del juego** *por Julio Cortázar, Editorial Sudamericana, Buenos Aires, 1978, página 103.*

¿Comprendió bien?

1. ¿Qué otro título podría ser apropiado para este cuento y por qué?
   a. "Al trabajo (estampa)"
   b. "Cómo sobrevivir en la ciudad"
   c. "Las aventuras de Beltrán y Romero"
   d. (otro título apropiado)

2. Numere las acciones según cómo ocurrieron en este cuento.
   a. Beltrán volvió a casa a prepararse para su trabajo.
   b. Mandaron a Beltrán que matara a su viejo amigo Romero.
   c. Beltrán dejó el lugar del crimen.
   d. Beltrán salió en el Ford para el café de Cochabamba y Piedras.
   e. Romero se detuvo un momento y recibió una bala entre los ojos.
   f. El Número Tres preparó el plan para ese día.
   g. Romero cruzó la calle y comenzó a subir la vereda.

3. La primera oración del cuento es "En ese juego todo tenía que andar rápido". ¿A qué juego se refiere y por qué tenía que andar rápido?

4. ¿Quién es el Número Uno y qué profesión tendrá? ¿Y el Número Tres? ¿Por qué tienen números en vez de nombres?

5. Escriba algunos adjetivos y frases cortas tomados del cuento que describan la escena de la acción.

6. Si Beltrán y Romero eran amigos, ¿por qué aquél mató a éste?

7. Beltrán piensa que su trabajo es igual que cualquier otro trabajo. ¿Por qué ha desarrollado esta actitud?

8. ¿Cuál es su reacción a este cuento? ¿Le gustó o no, y por qué?

¡A PRACTICAR!

A   Dos amigos.   Complete los siguientes párrafos sobre los dos amigos que Ud. conoció en el cuento de Cortázar. Use palabras y frases de esta lista.

montón *heap*	espejo *mirror*	carreras
apuro *lack affection*	ventanilla *little window*	tranvía *street car*
departamento	cajón *space betw. shelves*	muelles
como una seda	placer *pleasure*	subte
de cuando en cuando	sombreadas	espléndidas
vitrina *showcase*	chambergo gris *hat*	aldea *sm village*
saco cruzado *double breast*	hipódromo *race tracks*	río

Beltrán vivía en un _departamento_ en la sección de Buenos Aires que se llama Flores. _____ , los fines de semana iba a los _muelles_ para ver los enormes barcos que venían de todas partes del mundo. Claro que iba en su Ford que andaba _____ ; para él era un _____ manejarlo por las calles _____ de su querida Buenos Aires.

Romero vivía en una _aldea_ cerca de Buenos Aires. Todos los días se ponía una camisa blanca con una corbata amarilla, pantalones negros, un _saco cruzado_ y un _chambergo gris_ y luego se miraba en el _espejo_ antes de salir de su casa. A él le gustaba ir al _hipódromo_ para apostar en las _carreras_. Normalmente, tomaba el _____ para allá, pero cuando no tenía ganas, tomaba un _____ . Le gustaba mirar las _____ vitrinas de las tiendas desde la ventana del tranvía. Era un poco romántico.

B **Expresiones idiomáticas.** Primero, traduzca las expresiones en negrita. Luego, escriba una oración original usando cada expresión.

1. Beltrán **se metió** en un taxi y volvió a su departamento en el centro de la ciudad. Apenas llegó, **se metió** a la ducha para prepararse.
   Cuando no quiero estudiar más, me meto en . . . y . . .

2. Ese día, Beltrán vio a su amigo **por última vez.**
   Este trimestre (semestre / año) voy a . . . por última vez en mi vida.

3. Beltrán sonrió casi sin ganas, pensando en la cara que pondría Romero al encontrárselo **de nuevo.**
   Después de leer de nuevo el cuento "Los amigos" creo que . . .

4. Era curioso que al Número Uno se le hubiera ocurrido hacer matar a Romero en el café. **De todos modos,** la torpeza de la orden le daba a Beltrán una ventaja.
   Es curioso que no sepamos mucho de Buenos Aires. De todos modos, . . .

5. Romero llegaría como siempre a encontrarse con los amigos **como a eso** de las siete de la tarde.
   Normalmente, hago mi tarea de español como a eso de . . .

6. Beltrán **volvió a** sonreír pensando en la cara del Número Uno.
   El próximo año volveré a . . .

7. A las siete menos cinco, Beltrán vio venir a Romero por la vereda de enfrente; lo reconoció **en seguida** por el chambergo gris y el saco cruzado.
   Cuando tengo muchas tareas, en seguida . . .

8. **Tal como** había previsto, Romero lo vio y se detuvo sorprendido.
   Tal como pensé, este cuento . . .

C   ¿Qué habría pasado?   Cortázar nos dice que Beltrán y Romero eran "buenos amigos antes de que la vida los metiera por caminos tan distintos". Escriba un párrafo que describa cómo sería su amistad y qué pasaría entre ellos si esta relación amistosa no hubiera cambiado.

DISCOVERING MEANING THROUGH GRAMMATICAL FEATURES

You have probably noticed that many Spanish sentences are very long and therefore not always easy to understand. By understanding certain grammatical features of Spanish sentences, you can divide them into more manageable units. Here are several suggestions to help you become a more proficient reader.

1. Isolate the main verb of a sentence or clause.

   Las paradojas comunicacionales **abundan** en el tránsito por micros y metro.

2. Identify important associated nouns in a sentence or clause. For example, subject and object nouns are usually found close to the verbs with which they are associated.

   En las micros el chofer *transmite* sus **gustos,** secretas **pasiones, arrebatos** místicos.

3. Separate the main clause of a sentence from other clauses. Clauses are linked together by connectors such as *que, y, o, pero, sino, porque, de, para, ya que, cuando, aunque, hasta que,* and so on.

   Además, los espacios cercanos a las puertas de salida se abarrotan de gente *aunque* haya asientos desocupados.

Following these three suggestions, break down the sentence below. Apply the same technique as you read the article and short story that follow.

   Beltrán . . . sonrió casi sin ganas, pensando en la cara que pondría Romero al encontrárselo de nuevo, pero la cara de Romero no tenía ninguna importancia y en cambio había que pensar despacio en la cuestión del café y del auto.

   El artículo que sigue es un comentario de los efectos del transporte público sobre la gente de una gran ciudad.

¿MICRO O METRO?

Sentamos en una* micro° a un grupo de personas y se comportan de una manera. Los mismos, en el metro, se conducen de otra forma. La clave de esta paradoja cotidiana° podría residir en la seriedad que transmite cada espacio.

"Este no es un asiento", se lee sobre un cajón° arreglado con un cojín° plástico, a un costado del chofer° de la micro . . . sobre el que se sienta, probablemente, un colega o amigo.

Las paradojas comunicacionales abundan en el tránsito por micros y metro. Y como el chileno es corto de palabras por lo menos en sitios públicos y desconocidos, se dan situaciones **en mudo**, o sea, a nivel° no verbal.

En las micros, el chofer transmite sus gustos, secretas pasiones, arrebatos° místicos. Y también informa a los pasajeros de su música preferida. Sus valores estéticos saltan a la vista° en forma de primorosos ramos° de flores plásticas, calaveras° con ojos fosforescentes, o una piadosa figura con imagen y todo, erigida° a un costado de la caja con la plata.°

¿Cómo comparar este cálido remedo° de hogar con las inhospitalarias acomodaciones del metro?

El subterráneo es estirado° y estereotipado. Como es un ambiente° cerrado y restrictivo, no se osa siquiera botar° un papel. La ordenación espacial obliga a hacer esfuerzos para aumentar la distancia sicológica. Es asunto de **violación territorial**, ni más ni menos.

¿Mira usted directamente al pasajero que va al frente? No, sino que busca el subterfugio de la ventana. Hay un contacto visual y corporal casi nulo, un silencio sepulcral, mucha tensión. La luz fluorescente y los colores fríos tampoco ayudan. Además, los espacios cercanos a las puertas de salida se abarrotan° de gente aunque haya asientos desocupados. Claro que muchos se paran frente a las puertas para mirar . . . se a sí mismos.°

¿Y mientras, qué pasa en la superficie? Codo a codo con el pasajero del lado, con una señora y su cartera sobre hombros ajenos,°

microbús, autobús — imitación
— stilted
everyday paradox — environment / people don't even dare throw
crate
cushion
al lado del conductor
level
ecstasies — are crammed
are self-evident
bouquets — to look at themselves
skulls
puesta
dinero — sobre hombros de otras personas

---
* In Spanish, the gender of some words varies according to area. For example, in Central America, people say *un microbús*.

Micro

NO FUMAR

NO HABLAR CON EL CHOFER

Metro

ambiente

to intrude

habitación, cuarto

la música a todo volumen, se acepta la violación del entorno° territorial con **comodidad sicológica.**

Por lo menos en la micro todos miran para el mismo lado. Existe la posibilidad de no entrometer-nos° en la mirada—aquella gran intrusa—en territorios ajenos: se goza del paisaje exterior.

El Metro vendría a ser como aquellas casas muy cuidadas en que cada pieza° nos dice: "éste lugar es de exhibición, haz lo que quieras pero con cuidado. Lleva tiempo y esfuerzo mantenerlo limpio y elegante. No queremos tener que volver a limpiarlo cuando te vayas".

En la micro, al contrario, todo invita a ponerse cómodo, hablar a gritos o botar papelitos al suelo. También, a algunos, a rayar° los asientos. Hay cantantes, vendedores, grandes oradores. Las restricciones son mínimas. Incluso la de no fumar es transgredida muchas veces por el propio conductor. Otro de sus privilegios, como el no-asiento.

to write

Últimamente se ha observado otra costumbre en el quehacer del pasajero: la tendencia general es acercarse cada vez más al chofer. ¿En busca de la figura paterna? ¿Para escuchar mejor la radio? Una pragmática señora decía que en invierno es más calentito cerca del motor y en verano se goza del frescor de la puerta abierta y se previene de los *cogoteos*.°

muggings

Se sabe que la figura del conductor, en toda época y sociedad, ha concitado° la presencia de gente a su alrededor. Se podría sugerir futuros diseños de micros con asientos circulares, en forma de úes.

has stirred up

El problema radica en que el chofer, a su vez, sentiría que se viola su espacio vital, y ya no habría lugar para flores, palancas de cambio° con pelotas de goma° en la base, amuletos que se bambolean° como para hipnotizar ni tampoco el íntimo espacio que se reserva para los amigos, previo santo y seña° que levanta la cadena° que lo resguarda.

gearshifts   rubber

good-luck charms that bob

given the password chain

Aquel asiento que se niega a sí mismo.

Tomado de "¿Micro o metro?" por Jimena Castillo en La época *No. 2, domingo 29 de marzo de 1987, página 27.*

¿Comprendió bien?

A Indique si las siguientes oraciones se refieren a las micros o al metro.

1. Es más cómodo andar en este vehículo porque es más personal.
2. Hay poco contacto visual y corporal entre los pasajeros.
3. A veces los pasajeros se acercan demasiado a los conductores.
4. Los choferes parecen ser más amables con los pasajeros.
5. Desde este vehículo se puede disfrutar del paisaje.
6. En este vehículo todo está bien limpio y ordenado.
7. A veces en estos vehículos hay imágenes de santos y flores.
8. Hay un montón de restricciones y menos privilegios.
9. Los pasajeros de este vehículo parecen más vanos y egoístas.
10. A veces, un asiento tiene un letrero que dice: "éste no es un asiento".

B Indique qué medio de transporte prefiere la autora y por qué.

C Diga qué hacen los choferes de micro. ¿Conoce Ud. a un chofer así?

D Dibuje (*draw*) el interior de una micro, cerca del asiento del chofer.

Una reputación

Juan José Arreola (1918-   ), escritor mexicano, nació en Ciudad Guzmán, estado de Jalisco, México. Arreola fue autodidacta y ha tenido muchos oficios, empleos y actividades diversas. Sus obras más conocidas son Varia invención *(1949) y* Confabulario *(1952).*

La cortesía no es mi fuerte. En los autobuses suelo disimular esta carencia° con la lectura o el abatimiento.° Pero hoy me levanté de mi asiento automáticamente, ante una mujer que estaba de pie, con un vago aspecto de ángel anunciador.

    La dama beneficiada por ese rasgo° involuntario lo agradeció con palabras tan efusivas, que atrajeron la atención de dos o tres pasajeros. Poco después se desocupó el asiento inmediato, y al ofrecérmelo con leve° y significativo ademán,° el ángel tuvo un hermoso gesto de alivio.° Me senté allí con la esperanza de que viajaríamos sin desazón° alguna.

    Pero ese día me estaba destinado, misteriosamente. Subió al autobús otra mujer, sin alas° aparentes. Una buena ocasión se presentaba para poner las cosas en su sitio; pero no fue aprovechada por mí. Naturalmente, yo podía permanecer sentado, destruyendo así el germen de una falsa reputación. Sin embargo, débil y sintiéndome ya comprometido° con mi compañera, me apresuré a levantarme, ofreciendo con reverencia el asiento a la recién llegada. Tal parece que nadie le había hecho en toda su vida un homenaje° parecido: llevó las cosas al extremo con sus turbadas° palabras de reconocimiento.

    Esta vez no fueron ya dos ni tres las personas que aprobaron° sonrientes mi cortesía. Por lo menos la mitad del pasaje puso los ojos en mí, como diciendo: "He aquí un caballero." Tuve la idea de abandonar el vehículo, pero la deseché° inmediatamente, sometiéndome° con honradez a la situación, alimentando la esperanza de que las cosas se detuvieran allí.

    Dos calles adelante° bajó un pasajero. Desde el otro extremo del autobús, una señora me designó para ocupar el asiento vacío.° Lo hizo sólo con una mirada, pero tan imperiosa, que detuvo el ademán de un individuo que se me adelantaba; y tan suave, que yo atravesé° el camino con paso vacilante° para ocupar en aquel asiento un sitio de honor. Algunos viajeros masculinos que iban de pie sonrieron con desprecio.° Yo adiviné su envidia, sus celos, su resentimiento, y me sentí un poco angustiado. Las señoras, en cambio, parecían protegerme con su efusiva aprobación silenciosa.

carencia°	falta
abatimiento.°	discouragement
rasgo°	característica
leve°	slight
ademán,°	gesture relief
alivio.°	
desazón°	ansiedad
alas°	wings
comprometido°	obligado
homenaje°	homage
turbadas°	embarrassed
aprobaron°	approved
deseché° sometiéndome°	I rejected subjecting myself
adelante°	ahead
vacío.°	empty
atravesé°	crossed
vacilante°	unsteady
desprecio.°	contempt

Lectura

TURISMO EN METRO

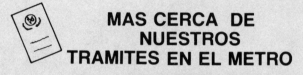

MAS CERCA DE NUESTROS TRAMITES EN EL METRO

	test
esperaba	autobús
	touching
bebés	*baby blankets*
	exemptions

Una nueva prueba,° mucho más importante que las anteriores, me aguardaba° en la esquina siguiente: subió al camión° una señora con dos niños pequeños. Un angelito en brazos y otro que apenas caminaba. Obedeciendo la orden unánime, me levanté inmediatamente y fui al encuentro de aquel grupo conmovedor.° La señora venía complicada con dos o tres paquetes; tuvo que correr media cuadra por lo menos, y no lograba abrir su gran bolso de mano. La ayudé eficazmente en todo lo posible, la desembaracé de nenes° y envoltorios,° gestioné con el chofer la exención° de pago para los niños, y la señora quedó instalada finalmente en mi asiento, que la custodia femenina había conservado libre de intrusos. Guardé la manita del niño mayor entre las mías.

oppressive armor plate	*I missed*
carried on too much	
warn	

Mis compromisos para con el pasaje habían aumentado de manera decisiva. Todos esperaban de mí cualquier cosa. Yo personificaba en aquellos momentos los ideales femeninos de caballerosidad y de protección a los débiles. La responsabilidad oprimía mi cuerpo como una coraza agobiante,° y yo echaba de menos° una buena tizona en el costado. Porque no dejaban de ocurrírseme cosas graves. Por ejemplo, si un pasajero se propasaba° con alguna dama, cosa nada rara en los autobuses, yo debía amonestar° al agresor o aun entrar en combate con él. En todo caso, las señoras parecían completamente seguras de mis reacciones de Bayardo. Me sentí al borde del drama.

start

leadership position
turbado

burst
hissing and booing
free rein

En esto llegamos a la esquina en que debía bajarme. Divisé mi casa como una tierra prometida. Pero no descendí. Incapaz de moverme, la arrancada° del autobús me dio una idea de los que debe ser una aventura trasatlántica. Pude recobrarme rápidamente; yo no podía desertar así como así, defraudando a las que en mí habían depositado su seguridad, confiándome un puesto de mando.° Además debo confesar que me sentí cohibido° ante la idea de que mi descenso pusiera en libertad impulsos hasta entonces contenidos. Si por un lado yo tenía asegurada la mayoría femenina, no estaba muy tranquilo acerca de mi reputación entre los hombres. Al bajarme, bien podría estallar° a mis espaldas la ovación o la rechifla.° Y no quise correr tal riesgo. ¿Y si aprovechando mi ausencia un resentido daba rienda suelta° a su bajeza? Decidí quedarme y bajar el último, en la terminal, hasta que todos estuvieran a salvo.

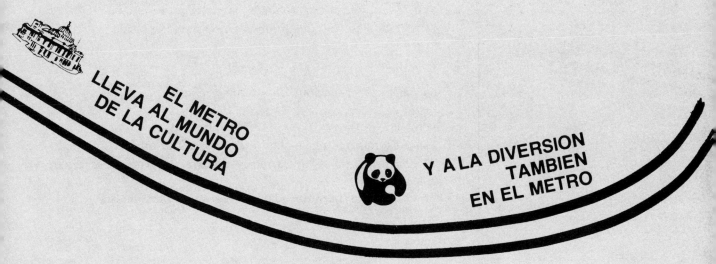

EL METRO
LLEVA AL MUNDO
DE LA CULTURA

Y A LA DIVERSION
TAMBIEN
EN EL METRO

Las señoras fueron bajando una a una en sus esquinas respectivas, con toda felicidad. El chofer ¡santo Dios! acercaba el vehículo junto a la acera, lo detenía completamente y esperaba a que las damas pusieran sus dos pies en tierra firme. En el último momento, vi en cada rostro° un gesto de simpatía, algo así como el esbozo° de una despedida cariñosa. La señora de los niños bajó finalmente, auxiliada° por mí, no sin regalarme un par de besos infantiles que todavía gravitan en mi corazón como un remordimiento.

Descendí en una esquina desolada, casi montaraz,° sin pompa ni ceremonia. En mi espíritu había grandes reservas de heroísmo sin empleo, mientras el autobús se alejaba vacío de aquella asamblea dispersa y fortuita que consagró mi reputación de caballero.

cara
sketch
ayudada

no civilizada

Tomado de "Una reputación" por
Juan José Arreola, Obras de Juan
José Arreola: Confabulario, *Edito-*
rial Joaquín Mortiz S.A., México,
1971, páginas 152-155.

¿Comprendió bien?

A Complete las siguientes oraciones, basándose en el cuento.

1. Todo este cuento tiene lugar en . . .
2. Primero, el narrador les ofreció su asiento a . . .
3. La primera persona que recibió "el sitio de honor" fue . . .
4. La señora que tuvo más problemas fue la que . . .
5. Para las mujeres del autobús el narrador representaba . . .
6. El narrador no bajó del autobús en su parada porque . . .

B Complete las siguientes oraciones.

1. La palabra "reputación" del título se refiere a . . .
2. En el cuarto párrafo el narrador dice que quiso "abandonar el vehículo" porque . . .
3. Las personas que respetaban más al narrador eran . . .
4. Al comienzo del sexto párrafo, "una nueva prueba" se refiere a . . .
5. En el fondo, el narrador realmente era una persona que . . .

¡A PRACTICAR!

A Escena de autobús. Complete los siguientes párrafos, reemplazando los verbos en negrita con sinónimos de la lista.

no aceptar	enojar(se)	agradecer	odiar
unirse a	amonestar	descender	pararse

Un grupo de jóvenes deportistas **se juntaron con** la otra gente en la parada de autobús; iban a ver un partido de fútbol en el estadio de su colegio. Un señor impaciente que esperaba el mismo autobús dijo: "Me **da rabia** perder el tiempo aquí" y tomó un taxi al trabajo. Por fin, el autobús **se detuvo** en la esquina para recoger a los pasajeros.

El chofer le **dijo** a una señorita que estaba prohibido fumar en el autobús. La señorita, que era turista, se dijo a sí misma: "¡Cómo **detesto** esta ciudad con su ruido, su tránsito y la contaminación del aire!" Pero entonces, un señor le ofreció su asiento a una señora, quien le **dio las gracias** efusivamente. Al ver esta acción caballeresca, otra mujer celosa que estaba parada **se bajó** furiosa. Otro señor le ofreció su asiento a una señora que iba parada, pero ésta lo **rechazó** con cortesía.

B Asociaciones.   En la siguiente lista hay ocho pares de sinónimos y cuatro pares de antónimos. Búsquelos y apáreelos.

adelante	colchón	nene
aprobado	costado	odio
atravesar	cruzar	prueba
botar	detrás	rabia
caballero	echar	rasgo
cara	examen	rechazado
característica	lado	rostro
cojín	lleno	vacío

C Expresiones idiomáticas.   En las dos lecturas anteriores vea cómo se usaron las siguientes expresiones.

1. frente a
2. por lo menos
3. estar de pie
4. todo lo posible
5. al contrario
6. poco después
7. echar de menos
8. saltar a la vista
9. a su vez
10. por un lado
11. sin embargo
12. ni más ni menos

Luego, escriba oraciones originales y personales que contengan estas expresiones. Subraye cada expresión idiomática en sus oraciones.

EJEMPLO: en todo caso
Cuando me gradúe, no sé si viviré en una ciudad grande o pequeña. En todo caso, me encanta la ciudad por el montón de actividades culturales que ofrece.

Luego, dé un sinónimo de cada expresión.

EJEMPLO: en todo caso
De todos modos *me encanta la ciudad por el montón de actividades culturales que ofrece.*

D Medios de transporte.   Ud. acaba de leer sobre tres distintos medios de transporte público: micro, metro y autobús. En dos o tres párrafos, compare las ventajas y desventajas de cada uno de ellos. Si Ud. usa otro medio de transporte (por ejemplo, ir a pie, en bici, en moto, en carro), inclúyalo en su comparación.

VOCABULARIO

Sustantivos

ademán gesture
alas wings
aldea village
alivio relief
ambiente environment
amuleto good luck charm
apuro hurry
atado, cajetilla pack (of cigarettes)
bala bullet
cadena chain
cajón, gaveta drawer
calavera skull
carrera (horse) race
cogoteo mugging
cojín cushion
costado side
cuna cradle
chambergo, sombrero hat
chofer driver
desazón anxiety
deuda debt
deuda externa foreign debt
entorno environment
envoltorio baby blanket
espejo mirror
gallego(a) person from Galicia, Spain
goma rubber
hipódromo racetrack
homenaje homage
micro microbus
montón heap, pile
muelle dock
nene baby
nivel level
ojeada glance
peste epidemic
pieza room
prueba test
ramo bouquet
rasgo trait, feature
rechifla hissing and booing
rostro face

sede center
seña sign
torpeza clumsiness
trigo wheat
vitrina shop window

Adjetivos

ajeno belonging to another person
aprobado approved
apurado hurried
auxiliado helped
cohibido troubled
comprometido obligated
contaminación ambiental pollution
conmovedor touching
cruzado double-breasted
estirado stilted
incansable untiring
leve slight
montaraz uncivilized, primitive
turbado troubled
vacilante unsteady
vacío empty

Verbos

aguardar to wait for
apagar to turn off
atravesar to cross
botar to throw away
desechar to reject (an idea)
encargarse to take charge
estallar to burst
mirarse to look at oneself
rayar to write
rechazar to reject
someterse to subject oneself
unirse to join

Adverbios

adelante ahead
siquiera even

Expresiones idiomáticas

a la vez que while
antes que nada before anything
de cuando en cuando from time to time

echar de menos to miss
en marcha running
saltar a la vista to be self-evident

¡A pasarlo bien!

5

READING WITH A PURPOSE

In this chapter, we will review and practice some of the reading strategies you learned in Chapters 1 through 4.

Usually when we read, we read with a purpose: to search for specific information, to review what we have already read, to become more knowledgeable about a certain topic, or for pure enjoyment and relaxation—which leads us into the theme of this chapter: leisure time activities.

The first group of readings deals with movies, theater, television, and music—topics with which you are probably familiar. Remember that the more familiar you are with a topic, the easier it will be to read about it in Spanish. Recognizing cognates, identifying word stems, and understanding the meaning of Spanish prefixes and suffixes can also help you to be a more confident and proficient reader.

Ahora, veamos qué película dan en el cine hoy. Lea el aviso del cine y vea si la película es apropiada para gente de su edad o no.

CINE

Palacio DE LA Prensa
Bilbao Princesa
Velazquez

2.ª SEMANA. ¡¡¡GRAN EXITO!!!
EL, UN POLICIA... ELLA, UNA LADRONA...
AMBOS HUYEN UNIDOS
PARA SALVAR SUS VIDAS

CHARLES BRONSON en
LA LEY DE MURPHY

THE CANNON GROUP, INC. —...
... ... J. LEE THOMPSON · "MURPHY'S LAW" · J. CARRIE SNODGRESS · ROBERT F. LYONS
RICHARD ROMANUS —... ... KATHLEEN WILHOITE — ... ANGEL TOMPKINS —... MENAHEN GOLAN
... J. JILL IRELAND ... ... GAIL MORGAN HICKMAN ... ALEX PHILLIPS, ... MARC DONAHUE
VALENTINE MC CALLUM ... GAIL MORGAN HICKMAN ... PANCHO KOHNER ... J. LEE THOMPSON

● NO RECOMENDADA PARA MENORES DE 18 AÑOS ●

CANNON

1. ¿Cómo se llama la película en inglés? ¿De qué se trata?
2. ¿En qué cine(s) dan esta película?
3. ¿Quiénes no deben ver esta película y por qué?
4. ¿Vio Ud. esta película ya? Si la vio, ¿en qué cine la vio?
5. Haga una lista de las palabras cognadas que se encuentran en el anuncio. También hay un cognado falso. ¿Cuál es y qué significa en inglés?

Ahora, veamos qué espectáculo hay en el teatro. Lea los dos siguientes anuncios y conteste las preguntas de comprensión.

TEATRO MARTIN

Santa Brígida, 3. Telf: 231 63 93.
Metros: Tribunal y Bilbao

TEATRO DE TITERES LA BICICLETA
presenta

VIAJE A TANGALONGO

Ultima semana
Funciones: 8 y 11 noche
Lunes descanso
Domingo, martes y miércoles,
única función, 8 tarde
Entrada: 200 pts.

Próximo estreno:
Del 12 al 24 de agosto, ARENA TEATRO
en Fase I: Usos Domésticos.

CONSEJERIA DE CULTURA Y EDUCACION

COMUNIDAD AUTONOMA DE LA REGION DE MURCIA

TEATRO

AVISO

Se PREVIENE al público asistente a las funciones en el TEATRO NACIONAL, que conforme al artículo 38 de su Reglamento:

ES PROHIBIDO ENTRAR A LA SALA DESPUES DE HABER COMENZADO EL ESPECTACULO.

SOLO SE PERMITIRA EL INGRESO HASTA EL SIGUIENTE INTERMEDIO.

Se agradece al público la colaboración que preste a esta disposición.

Junta Directiva del Teatro Nacional

4-79—10.000—Imp. Nal.—1083

POR UNA COSTA RICA MEJOR PARA TODOS

¿Comprendió bien?

1. ¿Qué tipo de espectáculo hay en el Teatro Martín, y para quiénes es esta función? (Otra palabra que significa "títeres" es "marionetas".)
2. ¿Cómo se llama la obra que van a dar en el teatro, cuándo es la función y a qué hora es?
3. ¿Cuánto cuesta la entrada al teatro?
4. ¿Cuál es la dirección y el número de teléfono del teatro?
5. ¿En qué parte le indican al público qué medio de transporte tomar?
6. ¿Cuál es el párrafo más importante del *Aviso*?

Ahora, veamos qué hay en la televisión. Lea esta parte de una guía televisiva para tener una idea general de qué películas van a dar. Después, lea con más cuidado para poder contestar las preguntas del ejercicio de comprensión.

TELEVISIÓN

CARTELERA CINEMATOGRAFICA SEMANAL POR TELEVISION

SABADO

12:00 ⑨ LA CIUDAD TIEMBLA. (Melodrama).★★ ½ *Edward G. Robinson, Constance Collier. Tres de los más grandes actores de este siglo se reúnen en un melodrama de ribetes sociales, donde un hombre con poder se ve forzado actuar ilegalmente. Las consecuencias de ello constituyen el desarrollo de la historia.*

12:30 ② CADA QUIEN SU LUCHA. (Comedia). ★ *"Vitura" y "Capulina", María Duval. La siniestra pareja de cómicos interpreta a dos tipos que se disputan el amor de una muchacha, sólo para perder ante un tercero.*

1:00 ⑬ CAPERUCITA ROJA. (Dibujos animados). ★½ *El cuento de culto de los niños, es ahora transportado a los dibujos animados.*

2:00 ④ SOMOS NOVIOS. (Comedia). ★ *Angélica María, Palito Ortega. Dos cantantes se enamoran y se confiesan su amor en medio de grandes dosis de melcocha, capaz de producirle diabetes a cualquiera.*

3:00 ⑬ PERSONAS ESPECIALES. (Melodrama).

4:30 ② VUELVE EL NORTEÑO. (Aventuras).★ *Antonio Aguilar, Lorena Velázquez. El Norteño ha aprendido a vivir, y se le hace fácil cobrar un desquite a la vida, pero vuelve a perder el corazón y deja descansar al público.*

5:00 ④ EL VALLE DE LOS DESAPARECIDOS. (Aventuras). ★ *Demetrio González, María Rivas. Un jinete llega a un pueblo en donde un cacique manda al otro mundo a todos sus enemigos, entonces deciden ponerle un hasta aquí.*

⑬ DOMADOR DEL PUEBLO. (Oeste). *Dana Andrews, Terry Moore. Un abogado al que se le ha muerto su esposa, llega a un pueblo dominado por pillos y decide impartir justicia a como dé lugar.*

9:15 ② EL REY. (Melodrama). ★ *Antonio Aguilar, Carmen Montejo. Un revolucionario llega a un pueblo y rapta a la hija del presidente municipal, pidiendo un cuantioso rescate por ella, y cuando su padre la recupera es tarde; ella se ha enamorado perdidamente de su raptor un machista; en donde Tony Aguilar canta amenazante: "No tengo trono ni reina, ni nadie que me comprenda, pero sigue siendo el rey".*

10:30 ⑪ LA CONQUISTA DEL PLANETA DE

1. ¿A Ud. qué le parece conocido en la página 90? ¿Qué cosas le parecen diferentes a Ud.?
2. Indique qué programas les interesarían más a . . .
   a. los niños.
   b. los que tienen buen sentido del humor.
   c. los que tienen espíritu aventurero.
   d. las personas sentimentales.
   e. usted y sus amigos.
3. ¿Qué indican las estrellitas?
4. ¿Qué piensa Ud. de la variedad de películas que se ofrece?

MÚSICA

Orquestra Filarmónica de la
UNAM

Director Artístico: Jorge Velazco
Temporada 1985–86
Director: Jorge Velazco

Obertura sobre temas hebreos*	Prokofiev
Cuarto concierto para violin	Mozart
Segunda Suite para orquesta	Chaikovksi

Solista: **Hans Maile**
SALA DE CONCIERTOS NEZAHUALCOYOTL
(Centro Cultural Universitario)
Boletos: $1,000,00, $800.00, $400.00
Febrero 7/20:30 h.   Febrero 9/12:00 h.

1. Esta orquesta, ¿es de la ciudad o de la universidad?
2. ¿Cuándo es más barato el concierto?

El último tema de esta sección es la música, por eso escogimos un artículo sobre música que además, le va a ayudar a conocerse mejor. Use las técnicas de lectura para leer en general *(scanning)* primero y para entender los detalles *(skimming)* después, sin usar el diccionario para buscar las palabras que no entienda. Use el contexto para comprender la idea general e imaginarse el resto.

¿QUÉ INSTRUMENTO TE GUSTA MÁS?

Entra a una dimensión llena de ritmo y melodía e identifícate con uno de estos ocho instrumentos musicales. Tu instrumento preferido puede revelarte algo acerca de tu personalidad y ayudarte a comprender mejor tus problemas.

to flirt

you don't manage

Si te gusta el saxofón, eres una persona muy sensual y calculadora. Te gusta coquetear° con otros y divertirte, pero nunca haces nada sin antes calcular las consecuencias. Como estás acostumbrado a planificarlo todo, no te desenvuelves° muy bien en las situaciones inesperadas.

sensitive

to hurt you

con más frecuencia

Si te encanta el arpa, eres una persona frágil, afectuosa y sensible.° A veces, tus amigos no saben qué hacer porque tienen miedo de molestarte. Otras veces, la gente no te habla para no lastimarte.° Trata de madurar y de ser más autosuficiente y menos sensible. Entonces, tus amigos te invitarán más a menudo.°

La trompeta. La gente a quien le gusta la trompeta es espontánea, extrovertida, y muy sencilla.° Si te gusta este instrumento, hablas hasta por los codos° (si las paredes hablaran, conversarías también con ellas). Te adaptas con facilidad a cualquier grupo y eres el alma de una reunión.° En realidad, eres superadorable.

no complicada por las formalidades
hablar sin parar

life of the party

La batería. Si te gusta la batería, eres agresivo y dinámico. Te pasas el tiempo de fiesta en fiesta, y tienes muchos amigos. Te encanta llamar la atención y tu ropa es muy vistosa y llamativa.° En ciertos casos, estás seguro de ti mismo, pero en otros casos, necesitas más reflexión y análisis antes de tomar una decisión. ¿Quieres cambiar un poco?

loud

Si te fascina la guitarra, eres una persona de vanguardia que siempre está bien informada y al día.° Eres comunicativo y conversador y, como siempre sabes las últimas novedades,° todo el mundo quiere saber tu opinión. Esto te fascina, pero también te hace cometer errores porque tienes la tendencia a dar opiniones apresuradas. ¡Reacciona!

up-to-date
"the latest"

"¡Me encanta el violín porque es tan romántico!" Entonces eres una persona reservada y tímida. Por eso pasas mucho tiempo solo en tu mundo y tiendes a olvidarte de que hay gente interesada en ti. ¿Por qué no te dedicas más a tus amigos? Expresa tus sentimientos y opiniones, y usa tu carácter estable para triunfar en la vida.

depressed

Si te gusta la marimba tienes una personalidad envidiable. Puedes alegrar y ayudar a la gente más deprimida,° porque eres optimista, dinámico y alegre. Definitivamente, ¡eres genial! Tu único problema es que a veces no sabes guardar las proporciones y pierdes la perspectiva de las cosas.

to dream

¿Te gusta el piano? Eres intelectual y cerebral. Siempre quieres encontrarle un "por qué" a todo. "No sé" o "no puedo" son dos imposibles para ti. Todo tiene un motivo y una razón para ti, y piensas todo el tiempo en tus estudios o tu trabajo. ¿No crees que a veces es necesario soñar° y divertirse también?

Esta prueba de personalidad es muy entretenida, ¿verdad? Ahora que la conoces bien, puedes comentarla con tus compañeros de clase y con tus amigos.

Tomado de "Analízate a través de estos instrumentos musicales" por la Dra. Carla N. Cascante, Tú, Año 3, Nº 9, septiembre de 1983, páginas 80-81.

¿Comprendió bien?

Complete las características de las personas a quienes les gusta cada uno de los siguientes instrumentos musicales.

1. **saxofón:** Eres sensual y calculador y te encanta . . . Cuando estás en una situación nueva no . . .
2. **arpa:** Eres afectuoso, . . . La gente tiene miedo de . . .
3. **trompeta:** Eres muy extrovertido y . . . Te encanta . . . Eres muy flexible y . . .
4. **batería:** Eres . . . Te fascinan las . . . y te gusta llamar . . .
5. **guitarra:** Una "persona guitarra" es comunicativa y . . . Todo el mundo quiere saber tu opinión porque siempre . . .
6. **violín:** Eres . . . Pasas mucho tiempo . . . Debes . . . .
7. **marimba:** Tienes una personalidad muy . . . La gente deprimida te aprecia porque . . . A veces, . . .
8. **piano:** Eres . . . Siempre buscas el motivo y la razón de . . . Necesitas . . .

A **¿Qué opina Ud.?** Mientras usted leía esta lectura, ¿qué cosas le ayudaron a comprenderla mejor? Ponga un número de 1 a 3 en cada caso.

3 = muchísima ayuda   2 = mucha ayuda   1 = un poco de ayuda

lo conocido del tópico _____

los títulos _____

las palabras cognadas _____

las raíces de las palabras _____

los prefijos y sufijos _____

las ilustraciones _____

el contexto de las oraciones _____

la técnica de *scanning* _____

la técnica de *skimming* _____

otra cosa _____

B **¡A pasarlo bien!** Complete los siguientes párrafos con sus propias ideas. Luego, compártalas con un(a) compañero(a).

1. **el cine**

   Voy al cine con (muchísima / mucha / poca) frecuencia. Mi cine preferido se llama _____ porque . . . Una película que vi últimamente se llama _____ La película se trataba de . . . Creo que esa película (fue / no fue) un gran éxito porque . . . La próxima película que quiero ver se llama _____ . Quiero verla porque . . .

2. **el teatro**

   Voy al teatro con (muchísima / mucha / poca) frecuencia. Normalmente, voy al Teatro _____ que está ubicado en . . . La última vez que fui al teatro vi una obra que se llama _____ . Se trataba de . . . Creo que esa representación dramática (fue / no fue) un gran éxito porque . . . La próxima obra que quiero ver se llama _____ . Quiero verla porque . . .

3. **la televisión**

   Veo televisión con (muchísima / mucha / poca) frecuencia. Normalmente, la veo unas _____ horas a la semana. Creo que la televisión es (muy/algo/poco) importante en nuestra sociedad porque . . . Mi programa de televisión favorito se llama _____ . Me gusta mucho porque . . . Un programa que me desagrada mucho es _____ . No me gusta nada porque . . .

4. **la música**

A mí me encanta la música (clásica / rock / moderna / de jazz / del campo / ?) porque . . . Mi cantante predilecto(a) se llama _____ ; también me gusta mucho el conjunto musical _____ . Tengo muchos discos (muchas cintas) de _____ . También toco un instrumento, el (la) _____ . (No toco ningún instrumento.) Me gustaría aprender a tocar el (la) _____ . De los ocho instrumentos que aparecen en este artículo, el que mejor refleja mi personalidad es el (la) _____ porque . . .

READING FOR MAIN IDEAS AND DETAILS

When you read a passage in Spanish, it is essential that you extract the main ideas the author intended to express. To help you determine the main ideas, read the first and last sentences of each paragraph. When reading for details, look carefully for words and phrases that the author uses repeatedly to illustrate and elaborate upon the main ideas. Also, skim through the passage, using organizational clues to help you—layout; subtitles; print size (sometimes material in larger print contains the main ideas); abbreviations, and words that are capitalized, italicized, or underlined. Charts, tables, and diagrams also contain details that illustrate main ideas.

Use algunas de las técnicas introducidas en este libro para leer sobre un espectacular festival que se celebra en Valencia, España, todos los años. Trate de comprender la idea general de la lectura, sin buscar las palabras desconocidas en el diccionario. Lea una vez y anote las ideas principales. Después, lea una o dos veces más para entender los detalles. Como siempre, hemos explicado algunas palabras en el margen, pero esta lectura también tiene algunas palabras en Catalán, el idioma de Valencia; por ejemplo, *foc* = fuego; *ninot* = muñeco, títere; *nit* = noche.

Festivales y ferias

QUEMA° LO QUE HAS ADORADO

burn

No hay habitaciones en los hoteles, los bares y cafés están atestados, el tráfico vehicular es caótico. Todo es más caro y por doquier° se observa gente, gente y más gente. Se venden folletos, afiches, banderines, pegatinas y toda la artillería de *souvenirs* que rememora la ocasión. Los comerciantes ambulantes sonríen.

Es la jornada final de fallas:° esta fiesta impactante, mezcla rara de diseño artístico, sátira social, cartón y engrudo.

El origen de las **fallas** (la palabra viene del mozárabe y significa tea o antorcha°) se remonta al siglo dieciocho y como no pocas de las tradiciones humanas, todo comenzó como jugando. En efecto, los chiquillos de algunos barrios populares recogían la viruta, los restos de madera de los talleres carpinteros, los muebles y trastos viejos del vecindario. Finalmente, para la noche de *Sant Josep,* en medio del griterío y la excitación de sus edades, prendían fuego° a lo recolectado. Con el tiempo y según los valencianos, debido al espíritu satírico e inventiva burlona que les caracteriza, a alguien se le ocurrió vestir, del mismo modo como se viste a un espantapájaros,° a uno de los palos con que los niños jugaban.

Entonces, lo que era una inocente diversión infantil se convirtió en juego de adultos y en el primer simulacro del *ninot de falla:* un muñeco de yeso° y cartón piedra condenado a morir la noche de la quema.

Ninots democráticos

Temáticamente hablando, las fallas son un espejo de la realidad social y política de España y el mundo. Predominan las alusiones a los políticos de gobierno y oposición y hasta el SIDA° ha servido de tema a los falleros. Los *ninots* suelen tener dos sentidos diferentes en su significado. Los *ninots* grotescos son fiel reflejo de la caricatura y la sátira. En cambio el *ninot* realista es el homenaje gracioso del pueblo a una situación o personaje que le gusta.

La Nit del Foc

La víspera° de medianoche del 19 de marzo es un espectáculo inolvidable. Media hora antes del encendido° de la hoguera,° la fallera mayor—una buenamoza elegida semanas antes por la comisión del barrio—se pasea nerviosa frente a la construcción monumental. Sabe que dentro de pocos minutos, junto a las lenguas de fuego que devorarán la falla, se irá tam-

por todas partes   *plaster*

floats

AIDS

torch

eve

set on fire

lighting of the bonfire

scarecrow

Estos *ninots*, ¿son
grotescos o
realistas?

fireworks

to be consumed

bién su reinado, su ilusión de día
de fiesta.

De súbito el ruido atronador
de toda la cohetería° de ficción
valenciana inunda la noche. El
cielo, por minutos estelares, se
llena de formas, cascadas de bri-
llantes colores y parece que el fir-
mamento hubiese estallado. Es el
delirio, la fallera ahora ha encendido el fuego. Los *ninots* de pronto

adquieren vida. Miran y es una
mirada que siente. Es su última
mirada antes de morir abrasados.
Se comienza a quemar el cartón,
que es el trabajo de un año, el
sacrificio del barrio, aquella vida
compartida de fiestas y beneficen-
cias. Cuando la falla comienza a
arder° parece que algo importante
se fuera. La fallera abraza a una
amiga y cariacontecida observa

cómo las llamas° alcanzan la parte alta de la falla. En minutos no queda más que cenizas.°

Se quema algo más que cartón inanimado. El fuego tiene la doble misión de celebrar la llegada de la primavera en el hemisferio norte y de depurar los espíritus. Cuando los *ninots* arden significa que se libera toda su carga de ironía y crítica. Simbólicamente también el fuego destruye la mala intención.

A la mañana siguiente, el día 20, la ciudad está como si nada. No queda un rastro de las fallas. Tan sólo una mancha en el asfalto, es el único testimonio urbano de que allí se cobijó una falla.

flames

ashes

Tomado de "Fallas de Valencia: Quema lo que has adorado" por Nelson Flores. La Época Semanal, Nº. 8, domingo 10 de mayo de 1987, páginas 10-14.

¿Comprendió bien?

1. **las ideas principales**

   Escriba en sus propias palabras nueve oraciones que resuman la idea principal de cada uno de los nueve párrafos.

   Párrafo 1: Mucha gente viene . . .
   Párrafo 2: Lo que pasa es que . . .
   Párrafo 3: Las fallas empezaron cuando los niños . . . etc.

2. **los detalles**

   Identifique o defina brevemente lo siguiente.

   a. el significado moderno de las fallas
   b. el origen histórico de las fallas
   c. la fecha de la jornada final de las fallas
   d. los *ninots* de falla y sus dos estilos
   e. qué pasa en *la nit del foc*
   f. qué pasa al siguiente día

3. **impresiones**

   a. ¿De qué cosa le interesaría saber más a Ud.: de la construcción de las fallas o de su destrucción?
   b. ¿Por qué se hace este festival el día de San José?

Los poemas también tienen ideas principales y detalles, pero están escritos siguiendo un formato distinto de los cuentos. Lea ahora un poema de un famoso poeta español. Vea cuál es la idea o suceso (*event*) principal.

Romance de la corrida de toros en Ronda

Federico García Lorca (1898-1936), poeta y dramaturgo (playwright) español, nació en la aldea de Fuente Vaqueros en la provincia de Granada. Su madre era su maestra y le enseñó a leer y escribir. Dotado de gran talento artístico, estudió música desde niño y también dibujaba y pintaba. Recibió la licenciatura en leyes en 1923. Visitó muchos países de Europa, Norteamérica y Latinoamérica. En su poesía se nota lo popular, lo folclórico de su Andalucía natal descrito con una gran musicalidad y gran riqueza de imágenes. He aquí uno de sus poemas más famosos.

En la corrida más grande
que se vio en Ronda la vieja.
Cinco toros de azabache°
con divisa° verde y negra.
5 Yo pensaba siempre en ti;
yo pensaba: Si estuviera
conmigo mi triste amiga,
¡mi Marianita Pineda!
Las niñas venían gritando
10 sobre pintadas calesas,°
con abanicos° redondos
bordados de lentejuelas.°
Y los jóvenes de Ronda
sobre jacas° pintureras,
15 los anchos sombreros grises
calados° hasta las cejas.°
La plaza con el gentío
(calañés° y altas peinetas)
giraba como un zodíaco
20 de risas blancas y negras.
Y cuando el gran Cayetano
cruzó la pajiza arena
con traje color manzana,
bordado de plata y seda,

25 destacándose gallardo
entre la gente de brega°
frente a los toros zaínos°
que España cría° en su tierra,
parecía que la tarde
30 se ponía más morena.
¡Si hubieran visto con qué
gracia movía las piernas!
¡Qué gran equilibrio el suyo
con la capa y la muleta°!
35 ¡Mejor, ni Pedro Romero°
toreando las estrellas!
Cinco toros mató, cinco,
con divisa verde y negra.
En la punta de su espada
40 cinco flores dejó abiertas,
y a cada instante rozaba°
los hocicos° de las fieras,
como una gran mariposa
de oro con alas bermejas.°
45 La plaza, al par que la tarde,
vibraba fuerte, violenta,
y entre el olor de la sangre
iba el olor de la sierra.

Tomado de Romancero gitano *por Federico García Lorca, Alianza Editorial, S.A., Madrid, 1983, páginas 107-108.*

Glosario

		bullfighter's assistants
negros		treacherous
emblem		raises
horse-drawn buggies		red cloth or cape draped over a rod
		un famoso torero español
hand-held fans		
sequins		
caballos pequeños viejos		
pulled down eyebrows		was tapping
sombrero		snouts
		rojas

Este poema es casi como un cuento. Identifique y describa lo siguiente, usando la información que Ud. estudió en el Capítulo 4, página 71.

1. **la introducción**
    a. ¿Cómo es la descripción de la escena que nos pinta el poeta? Piense en el lugar de la acción, el tiempo y la hora del día.
    b. ¿Cuántos personajes principales hay y cómo son?

2. **la trama**
    a. En pocas palabras, ¿qué pasa?
    b. ¿Qué importancia tiene cada personaje del poema?
    c. ¿Cuál es el punto culminante del poema?

3. **el desenlace**
    a. ¿Cómo termina el poema? ¿Qué pasa?
    b. ¿Qué piensa el (la) lector(a) después de haber leído el poema?
    c. ¿Cómo es el tono de Lorca? ¿Qué imágenes, símbolos o metáforas usa en su poema?

Plaza de Toros RODOLFO GAONA
SAN JUAN DEL RIO
QUERETARO
Gran Feria Taurina '84
Días 16, 17, 23 y 24 de Junio, 1984
A la 1:00 de la Tarde

Imprenta Monterrey, S. A.   Lucerna 8, Col. Juárez   México, D. F.

Así se hace. Los aficionados a los toros se preparan toda la semana para las corridas de los domingos.

Los Matadores saldrán acompañados de sus respectivas
Cuadrillas de la U. M. de P. y B.

Juez de Plaza: Lic. RAFAEL VALLEJO DIAZ
CAMBIADOR DE SUERTES. Y MEDICO DE LA
PLAZA LOS QUE DESIGNE LA H. AUTORIDAD

NOTAS: Por ser ganadería de cartel no habrá toros de reserva
una vez muerto el primer toro si se suspende la corrida por
causa de fuerza mayor, no se devolverá el importe de las entradas y demás notas que rigen en esta plaza.

PRECIOS DE ENTRADA:

	SOMBRA	SOL
Barrera 1a. Fila	$ 2,900.oo	$ 1,600.oo
Barrera 2a. Fila	$ 2,800.oo	$ 1,550.oo
Barrera 3a. Fila	$ 2,700.oo	$ 1 500.oo
Barrera 4a. Fila	$ 2,600.oo	$ 1 450.oo
Barrera 5a. Fila	$ 2,500.oo	$ 1,400.oo
GENERAL	$ 1,500.oo	$ 700.oo

VENTA DE BOLETOS EN:

SN. JUAN DEL RIO: Restaurante LA BILBAINA Tel. 2-01-13
RESERVACIONES: QUERETARO Tel. 4-03-56 MEXICO, D. F.
NIZA No. 50 Zona Rosa Tels. 5-28-77-21 y 5141745

Corona Genuina Cerveza
de BARRIL
EMBOTELLADA

Toros en SAN JUAN DEL RIO, QRO.

Los Días 16, 17, 23 y 24 de Junio, 1984 - A la 1:00 P.M.

Grandiosa Feria Turina ' 84

Cuatro Grandiosas Corridas de Toros

O 16 - 1a. Gran Corrida

pedida en esta Plaza de
y CAVAZOS
Alternando con
iano   **manolo**
os - MEJIA
Liando Toros de
UICHAPAN 6
ropiedad de SERGIO MORA

DOMINGO 17 - 2a. Gran Corrida
Antonio LOMELIN
Antonio URRUTIA
Valente ARELLANO
Lidiando Hermosos Toros de
6 Manuel Martinez 6

23 - 3a. Gran Corrida
o RIVERA
MIGUEL
ESPINOSA **ARMILLITA**
Javier **BERNALDO**
Lidiando Preciosos Toros de
6 LAS HUERTAS 6

DOMINGO 24 - 4a. Gran Corrida
Los Rejoneadores
GERARDO   EDUARDO
TRUEBA - FOUNTANET
Lidiando 2 Toros
Y MANO a MANO de los Matadores
RICARDO   LUIS FERNANDO
SANCHEZ - SANCHEZ
Lidiando 4 Toros
Bravos Toros de
6 TEQUISQUIAPAN 6

¿Comprendió bien?

1. ¿Dónde, cuándo y a qué hora fue la Feria Taurina?
2. ¿Cuáles son los dos tipos de boletos que hay? ¿Cuál es la diferencia?
3. ¿Cuántos toros y corridas hay al día?

A **Una falla para Uds.** Con otros dos compañeros diseñen una falla (*float*) para un festival estudiantil como el *homecoming*. Decidan si va a ser grotesca o realista y también piensen cuántos *ninots* van a necesitar. Si es posible, hagan un dibujo de su falla. Después, intercambien dibujos con otro grupo y traten de adivinar qué personajes tiene cada falla de la clase.

B **Ninots preferidos.** De los *ninots* dibujados por sus compañeros, elija el que más le guste y descríbalo en un párrafo. Explique por qué le gustó.

EJEMPLO: A mí me parece que el ninot más interesante es . . . porque . . .

C **Fiestas, festivales y ferias.** Describa en tres o cuatro párrafos las ideas principales y algunos detalles sobre uno de los siguientes tópicos.

1. **fiestas** ¿Qué tipos de fiestas tienen Ud. y sus amigos? Sea específico(a); dé el lugar, día, hora, invitados, actividades, comida, problemas y soluciones, impresiones.
2. **festivales** ¿Qué festival celebran Uds. en la universidad o en su ciudad todos los años? Sea específico(a); dé el nombre del festival, lugar, día, participantes, actividades, comida, problemas y soluciones, impresiones, parecido (*similarities*) con la *nit de foc*.
3. **ferias** ¿Qué tipo de ferias se celebran en su comunidad? Sea específico(a); dé el nombre de la feria, lugar, día, gente, actividades, comida, problemas y soluciones, impresiones.

D **Anuncio.** Escriba en español un anuncio de una feria taurina que corresponda a la corrida del poema de García Lorca. Use el anuncio que está en la página 102 de modelo.

E **Informe oral o escrito.** Lea sobre otro festival hispano y presente los resultados de su investigación por escrito u oralmente, depende de lo que indique su profesor(a). He aquí algunas sugerencias.

La Navidad en algún país hispano

El Día de Reyes en algún país hispano

Otra celebración religiosa o no religiosa hispana

El Día de la Independencia en algún país hispano

Otra celebración histórica hispana

El carnaval que se celebra en la costa mediterránea de España, los países de América Central, y algunas ciudades de Bolivia, Paraguay, Uruguay y Argentina

VOCABULARIO

Sustantivos

abanico hand-held fan
alma soul
aviso warning
batería a set of drums
calañés hat worn in the
  countryside
calesa horse-drawn buggy
ceja eyebrow
divisa emblem
dramaturgo playwright
espantapájaros scarecrow
éxito success
falla float
feria fair (festival)
gente de brega bullfighter's
  assistants
hocico snout
jaca old nag pony
lentejuelas sequins
muleta red cloth draped over a
  rod used by bullfighters
novedades "the latest" rumors
parecido similarity
**SIDA síndrome de inmuno-defi-
  ciencia adquirida** AIDS

suceso event
títere puppet
víspera eve
yeso plaster

Adjetivos

azabache of black color
bermejo crimson
calado pulled down
deprimido depressed
llamativo loud (referring to
  clothes)
sencillo simple
sensible sensitive
zaíno treacherous

Verbos

coquetear to flirt
criar to raise
desenvolverse to manage with
  ease and assurance
lastimar to hurt
rozar to lightly touch or tap
soñar to dream

Expresiones idiomáticas

al día up-to-date
hablar hasta por los codos to talk
  a lot
más a menudo more often
por doquier everywhere
prender fuego to set on fire

De compras en el centro

6

UNDER-STANDING SIGNS WHEN SHOPPING HERE OR ABROAD

When you go shopping where Spanish is spoken, it is important to know what kinds of signs to look for and how to use them and the other information around you. Begin by thinking about the shop, store, or commercial building you are in. As you probably know, the ground floor is not called the first floor in many countries. The floors that are numbered begin with what we call the second floor; the ground floor is called *planta baja* (PB).

Lea estos letreros. Después, aparee cada letrero con su nombre.

prohibido fumar
salida de emergencia
escalera mecánica
subida y bajada
ascensores

parking (estacionamiento)
(baño para) damas
(baño para) caballeros
cambio

Ahora estudie esta fotografía de un directorio de una tienda y conteste las preguntas que siguen.

1. ¿Dónde está el departamento de ropa de señoras?
2. Si Ud. necesita comprar artículos de fotografía, ¿a qué departamento debe ir? ¿En qué planta está?
3. ¿Dónde puede encontrar algo para sus hermanos menores?
4. ¿En qué departamento cree Ud. que tienen las famosas figuras de porcelana Lladró?
5. ¿En qué planta se puede comer o tomar algo?
6. Si Ud. pierde algo en la tienda, ¿dónde cree Ud. que lo pueden ayudar?

Continúa LA GRAN LIQUIDACION

Las mejores marcas a precios de verdadera liquidación

Piense en Falabella

DAMAS

Bikini TRIUMPH
de lycra
Antes $ 990
Ahora $ 490

Vestido GALLERY
Antes $ 3.950
Ahora $ 2.850

Jeans ELLUS
algodón
Antes $ 3.690
Ahora $ 2.390

Blusón CONNECTIONS
100% algodón
Antes $ 3.390
Ahora $ 1.950

Buzo MOA
100% algodón
Antes $ 3.980
Ahora $ 1.990

Baby Doll TIARE,
nylon con escote y
ruedo de encaje
Antes $ 1.350
Ahora $ 990

Chalas DORETTE
en taco bajo, en
diferentes modelos
Antes $ 1.290
Ahora $ 990

VARONES

Polera MARLBORO
en algodón
estampado
Antes $ 1.650
Ahora $ 990

Vestón BRITISH COLLECTION
(Div. Harris & Frank)
en telas de fantasía.
Antes $ 9.800
Ahora $ 6.500

Camisa GIANNI MORELLI
manga corta
Antes $ 1.850
Ahora $ 1.250

Pantalón BRITISH COLLECTION
en casimir
Tallas 42 al 54 y 88 al 104
Antes $ 2.290
Ahora $ 1.990

ELECTRO HOGAR

HOGAR

Paños de cocina
importados.
Antes $ 128
Ahora $ 110

NIÑOS y NIÑAS

Short niñitas WADOS
con tirantes.
Tallas 10 – 14
Antes $ 1.750
Ahora $ 1.100

Jeans LEE
mezclilla celeste
Tallas 10 – 14
Antes $ 2.250
Ahora $ 1.750

Plancha ELECTRON
Mod. BA-5
Antes $ 1.390
Ahora $ 1.180

Juego de baño TITANIA de 5 piezas.
Antes $ 3.300
Ahora $ 2.970

Conjunto LA PANDILLA
en sheeting
estampado, de 1 a 3 años
Antes $ 2.650
Ahora $ 1.980

Refrigerador FENSA
Mod. 270, capacidad
250 litros,
Antes $ 55.500
Ahora $ 49.500
15 cuotas sin pie de $ 4.609

Mesa aplanchar
metálica, importada
de Italia.
Antes $ 8.750
Ahora $ 7.590

Aproveche su Tarjeta CMR Falabella.
La tarjeta con las cuotas más bajas del mercado.

0670 2015 01

Falabella
nos dedicamos a usted

Horario de atención
Paseo Ahumada   Lunes a Sábado 10:00 a 20:00 hrs.
Parque Arauco   Lunes a Domingo 11:00 a 21:00 hrs.
Concepción   Lunes a Viernes 9:30 a 13:00 hrs. – 15:30 a 20:00 hrs.
Sábado 9:30 a 14:30 hrs.

Cuando vamos de compras, también es importante saber leer los anuncios comerciales porque así podemos ver qué artículos están rebajados o en oferta *(on special)*. Lea este siguiente aviso y vea qué cosas conviene comprar aquí.

¿Comprendió bien?

1. ¿Por qué cree Ud. que conviene ir a Falabella esta semana?
2. ¿Qué marcas tienen en los departamentos de "Damas", "Varones" y "Electrohogar".
3. Escriba tres letreros para anunciar esta liquidación en las vitrinas *(windows)* de la tienda.

Proyecto de grupo. Con dos compañeros, escriban un anuncio comercial para una de las tiendas más populares de su ciudad. Incluyan ofertas y rebajas especiales y den algunos detalles sobre los artículos en liquidación.

Ahora, lea el siguiente artículo que contiene buenas ideas sobre cómo salir ganando al comprar alguna cosa.

En boca cerrada . . .

. . . no entran moscas",* dice el popular refrán. Y esto es lo que nos recomiendan para no cometer errores. Pero, ¿sabía Ud. que la táctica de usar bien y estratégicamente el silencio da excelentes resultados? Los expertos en psicología comercial han descubierto que a la hora de hacer una transacción comercial la mejor arma es permanecer callado.° Así es que a la hora de negociar la compra de un auto, una casa, los muebles para su casa o asuntos° familiares, use esta simple estrategia.

La razón por la que esto funciona tan bien se debe a que la mayoría de las personas se desconciertan° y se sienten inseguras cuando su interlocutor guarda silencio. Entonces, a fin de obtener una respuesta, resuelven hacer una oferta° mejor que la anterior.

Si a la hora de comprar Ud. se sienta—sin abrir la boca—a esperar que el vendedor le hable, éste utilizará argumentos más convincentes para lograr la venta. ¡No se le ocurra decir ni una palabra después que le haga una oferta! Al no obtener respuesta, por lo general el vendedor ofrece alguna rebaja para saber en qué dirección va la venta y Ud. puede guardar silencio de nuevo. Sin embargo, esta táctica solamente es efectiva si la usa una o dos veces.

En asuntos familiares también funciona. Cuando alguien le pida dinero para salir de compras ¡no responda!; en seguida, esa persona le pedirá un poco menos de dinero. Así es que recuerde: en boca cerrada no entran moscas.

Tomado de "En boca cerrada . . .", Buenhogar, Año 22, N° 21, 6 de octubre de 1987, página 7.

en silencio

matters

se ponen nerviosas

offer a deal

1. ¿Qué táctica recomienda el autor cuando Ud. vaya a comprar algo?
2. ¿Por qué es tan efectiva esta táctica?

¿Comprendió bien?

* Refrán popular que significa *Silence is golden.*

SUMMARIZING WHAT YOU HAVE READ

The **title** of a reading passage identifies the central idea of the entire passage. The **subtitles** summarize the central idea of each section within the passage. In this way, the title and subtitles provide an outline of the most important ideas that the author wishes to convey to you, the reader. Titles and subtitles also serve as guideposts that help you recall the main ideas of a passage, which can save you a great deal of time. After you read the title or subtitle of a passage, pause for a moment to think about what you read. This reading strategy will help you connect the ideas of a passage in a string of related thoughts—the essence of the passage itself.

Follow these suggestions as you read ¡Dime cómo gastas y te diré cómo eres!

1. Read the title of the passage. Read the footnote. What does the title mean literally? What do you think this reading is going to be about? Do you think that this article will interest you? Why or why not?
2. Now read the first two paragraphs of the article. Pause after you read each paragraph and write a one-sentence summary in English of the paragraph. Do *not* translate!
3. Write down each of the Spanish subtitles, leaving room after each one. As you read the rest of the article, pause after each section and write a brief summary in English of what you read.
4. The human mind has an uncanny ability to recall images of past events and actions. If you were (or are) an artist, how would you illustrate each of the sections that you have summarized?
5. Think once again about how the title of the article captures the author's central idea. How would you illustrate the title of this reading passage?

En el siguiente artículo, Ud. puede descubrir qué tipo de persona es Ud. según su estilo de gastar dinero. ¿Le interesa?

¡DIME CÓMO GASTAS Y TE DIRÉ CÓMO ERES!*

El dinero no es sólo una serie de números sujetos a las leyes de la aritmética en nuestra cuenta corriente.° Ni siquiera° es sólo poder,° sino que un factor emocional también, porque el uso del dinero indica qué valor creemos que tenemos como individuos. También indica qué valor creemos que tienen otras personas y así el dinero puede convertirse en sustituto del amor. Sin duda, la forma en que usamos el dinero refleja cómo manejamos el poder y cómo aumentamos nuestro *status* social, y cómo manipulamos al mundo o nos dejamos manipular por él.

Las investigaciones han demostrado que la gente tiene un "estilo monetario" que tiende a mantenerse sin mayores cambios a través de° toda su vida. Este estilo monetario es tan revelador como el estilo de vida de una persona o su estilo para enamorarse de alguien ya que, como éstos,° nace de las mismas raíces° de la personalidad. Si usáramos el dinero como el simple artículo de comercio que es, nuestro estilo monetario cambiaría a medida que la experiencia nos enseñara mejores formas de resolver los problemas financieros. El hecho de que no sea así, y de que la gente siga cometiendo los mismos errores a los sesenta que a los veinte años, a menudo son meros° reflejos de dificultades emocionales, tales como el temor al rechazo,° la falta de autoestimación° o la falta de seguridad en sí mismo.° Por eso es que cuando una persona aumenta su seguridad en sí mismo, casi siempre mejora también su forma de manejar° el dinero.

¿Se reconoce a sí mismo o ve

checking account
not even
power

like the latter
roots

simples

rejection
self-respect
oneself

throughout

of handling

* Este título se refiere a un proverbio que dice: "Dime con quién andas y te diré quién eres"; *"You can tell who a man is by the company he keeps."*

tienda que sólo
vende cosas re-
bajadas

in spite of the fact
  that

you save

cuando era chico   achievement
were punished

anger   a (salary) raise

                           no matter how
letting others abuse   much
  you

                           esté

don't dare to

in your heart

                           cosas

trap

afecto

a alguien conocido en alguna de las siguientes categorías generales de "estilos monetarios"?

LOS MÁRTIRES

La mitad de su ropa la ha comprado en tiendas de baratillo.° Aunque usted gana más o menos lo mismo que los demás, parece que nunca tuviera suficiente dinero para darse el gusto de comprar algo de mejor calidad o más caro. Tanto en su trabajo como en sus relaciones personales a menudo se siente explotado y no es realmente popular, a pesar de que° hace todo lo posible por agradar a los demás. De hecho, el dinero que ahorra° lo gasta en atender a sus compañeros de trabajo o de estudios.

De chico,° lo castigaban° cuando decidía sus cosas solo y cuando expresaba sus propias preferencias, y por eso aprendió a hacerse el "invisible" para evitar la ira° de sus padres. De adulto, sigue buscando afecto de la misma forma: dejándose pisotear° y tratando de hacer que los demás se sientan culpables. No se atreve a° participar activa y competitivamente en el juego de la vida porque en el fondo° teme que "Papá-Dios" (es decir, la persona que tiene poder sobre Ud.) lo castigue por haber tenido el valor de intentarlo.

Todos estos temores mantienen al mártir en la trampa° de la pobreza, tanto emocional como económica. Se le hace difícil aceptar la idea de hacer valer sus derechos en una relación de igual a igual; el mártir quisiera que lo valoraran por sus puntos fuertes y no por sus debilidades, por lo que tiene y no por lo que le falta . . . , pero no se atreve a pensar que algún día esto pueda suceder. ¡Sea valiente—quizás con la ayuda de un sicoterapeuta—y decídase a enfrentar la vida de una manera más positiva!

LOS GASTADORES COMPULSIVOS

No debe sorprendernos que algunas personas cometan excesos con el dinero en la misma forma que otras lo hacen con la comida, pues ambas cosas a menudo sirven de sustitutos del afecto. La gente que gasta dinero por compulsión va de compras para combatir la depresión, para aliviar las ansiedades financieras, o para recompensarse por un logro° o éxito importante.

Quizás usted sienta que su persona no vale nada . . . y por eso reacciona a un aumento de sueldo° gastándose el doble de lo que recibió. No importa cuánto° gane un gastador compulsivo: no estará tranquilo hasta que su cuenta bancaria se halle° al mismo nivel que su autoestimación: en cero.

Si usted está en esta categoría, nunca puede ahorrar por mucho tiempo, así es que no es probable que adquiera bienes° más permanentes como una casa. Esa misma sensación de insuficiencia puede interponerse entre usted y una relación amorosa sólida, y es probable que se sienta incómodo cuando le ofrecen amor. La razón es que encuentra difícil confiar en la sinceridad del cariño° de los demás. Sin embargo, mientras más confíe en la gente y sus amigos, menos dinero gastará compulsivamente.

¡EL MUNDO ME LO DEBE° TODO A MÍ!

Si Ud. está en esta categoría de comprador, usted tiene una idea muy clara de qué tipo de vida quiere, y gastará lo que no tiene para obtenerla. El hecho de que no pueda costearse° un auto nuevo no surte° ningún efecto; usted necesita ese auto, y así es como está acostumbrado a vivir. Cuando se ve obligado a enfrentarse a la dura realidad económica, siente que el mundo es terriblemente injusto. En algún momento de su vida, es probable que sus padres hayan usado el dinero como sustituto del cariño, y el resultado es que a usted se le hace sumamente difícil comprender que el mundo no le deba nada y que nadie tenga garantizado cierto nivel° de vida.

En el amor, al igual que en la vida, usted debiera luchar° contra el sentimiento de que merece° cariño y consideración sin tener que hacer mucho por ganárselos. Por eso, sus noviazgos seguirán fracasando° por las exigencias° que Ud. hace, hasta que la experiencia por fin le enseñe que tanto el amor como las demás cosas buenas de la vida se consiguen cuando uno se esfuerza por lograrlas.°

LA HORMIGUITA° AHORRADORA

La mayoría de las personas ahorran, por supuesto, pero sólo los ahorradores compulsivos lo hacen por el puro gusto de ahorrar. Si usted es una de estas hormiguitas, Ud. siente que el placer que le proporciona una cena en un restaurante elegante o un traje fino se evapora a la hora de pagar la cuenta. Ceder° a las tentaciones de ese tipo le produce cierta ansiedad, porque tiene miedo de perder el control. Pasa mucho tiempo pensando en el dinero y en cómo ahorrar más, y también se siente superior a la gente que gasta de una forma más extravagante que usted.

Los ahorradores compulsivos le tienen pánico a la pérdida, a quedarse solos. Pero están convencidos de que ése es el destino que les espera, pues aprendieron cuando pequeños que el amor no siempre dura. Esta necesidad desesperada de seguridad emocional se traduce en una necesidad de tener una cuenta bancaria cada día mayor.

Usted ve venir el final de cada nuevo amor apenas° comienza. Tiene miedo de dar demasiado, y la pérdida de control necesaria para disfrutar la intimidad física le resulta demasiado riesgosa.° Usted presiente que lo dejarán tarde o temprano, y a veces, cuando ha tenido un largo romance, el suspenso de saber cuándo lo van a abandonar puede hacerlo precipitar las cosas—inconscientemente, desde luego—para así terminar con la preocupación.

LOS BUSCAGANGAS°

Usted tiene un armario lleno de ropa que compró a mitad de pre-

owes me

to give in

afford
no tiene

level   *hardly*

to fight
you deserve

risky

will continue to be
failures   *demands*

obtenerlas

small, hardworking
   ant   *bargainseekers*

cio y que jamás se pone . . . y la semana pasada, se gastó un estanque de gasolina para ir a un supermercado lejano donde podía ahorrarse unos centavos en las compras de la semana. Además, Ud. invierte° demasiado tiempo en asegurarse de no pagar nunca el precio total por nada, y mira con cierto desprecio a los que sí lo pagan.

Los buscagangas compulsivos se sienten estafados° por la vida. Quizás, de niño usted tuvo que luchar por cada migaja° de amor y atención, o competir con un hermano o hermana preferidos. Como usted siempre ha sentido que recibe menos de lo que merece, trata de recompensarse económicamente.

En las relaciones amorosas, los buscagangas temen que les den menos de lo que consideran justo. El amor, como las compras, sólo les da satisfacción cuando han tenido que luchar por él. A veces, usted peca de celoso° y de demasiado exigente; y otras, de insistir en recibir más de lo que entrega.°

LOS "BOLSILLOS ROTOS"°

En un restaurante, usted siempre es quien paga, porque le gusta hacerlo. Sus amigos tienen menos dinero que usted, y esa superioridad económica lo hace sentirse bien (aunque nunca lo admita). Por otra parte, la gente con *más* dinero que usted lo intimida.

Usted siente que no vale nada, y no cree que nadie pueda estimarlo por sí mismo, sin pensar en su dinero. Inconscientemen-

te, usted está convencido de que sólo con dinero y posición puede obtener popularidad, cariño y aceptación.

Una persona "bolsillos rotos" se pasa la vida tratando de "comprar" amistad y afecto; sus novios o novias tienden a ser gente sin empuje, necesitados de ayuda económica. Aunque les hace préstamos y les compra ropa, en el fondo los desprecia por estar junto a una persona tan poco importante como usted. Hasta que no aprenda a valorarse más, nunca saldrá de esta trampa.

Tomado de "Dime cómo gastas y te diré cómo eres" por Jane Firbank, Cosmopolitan, Año 11 noviembre de 1983, páginas 42-43.

invest

cheated

crumb

are too jealous

da

spendthrifts

Diga a qué tipo de gastador(a) corresponde cada una de las siguientes afirmaciones.

1. Este tipo de persona piensa que se merece cualquier cosa.
2. Este tipo de persona reserva dinero, comida y ropa para el futuro porque piensa que nada dura, que nada es permanente.
3. Los que son así piensan que no valen nada y se pasan la vida tratando de comprar amigos y afecto.
4. De pequeños, esta gente tuvo que luchar por afecto y éxito.
5. Esta persona no descansa hasta que su cuenta bancaria está en cero.
6. Una persona así es demasiado ahorrativa y celosa, porque piensa que recibe menos de lo que merece. Quizás tuvo un hermano más querido.
7. Se compra todo en tiendas de baratillo y deja que lo pisoteen todo el tiempo porque le falta seguridad en sí mismo.
8. Como Ud. cree que el mundo se lo debe todo, nunca piensa que los demás también necesitan cariño y atención.

¡A PRACTICAR!

A Buscagangas. Pregúntele a un(a) compañero(a) dónde es más barato comprar las siguientes cosas u otras que les interesen.

EJEMPLO:—¿Sabes dónde están baratas las mochilas?
—¡Ah, sí! La tienda "El Viajante" tiene grandes gangas ahora.

1. suéteres de invierno
2. sombreros y gorras
3. ropa deportiva
4. discos y cassettes
5. tocadiscos compactos
6. trajes elegantes para una graduación
7. escritorios y sillas
8. zapatos y calcetines
9. chaquetas y parkas
10. cuadernos y útiles
11. estéreos y tocacintas
12. . . .

B La cuenta corriente. Pregúntele a un(a) compañero(a) acerca de su cuenta corriente. Después, cambien papeles.

Find out . . .

1. if your partner has a checking account and, if so, about how many checks he or she writes every month.
2. what problems he or she has had with financial institutions.
3. whether or not he or she has a credit card and, if so, what kind (and, if not, why not).
4. if your partner has a savings account and, if so, where.
5. if he or she can use a banking machine.

Vocabulario útil: sobregirar *(to overdraw)*, depositar, gastar, cobrar *(to cash)* un cheque, cargar o cobrar interés, protestarle a uno un cheque, pagar a plazos, pagar las cuentas, cajero automático *(automatic teller)*, tarjeta de crédito, cuenta de ahorros

EJEMPLO:—¿Tienes problemas con tu cuenta ahora?
—Sí, fíjate que estoy **sobregirado** y el banco me cobró $20 dólares por un cheque **sin fondos**.

o

—No, ahora no, pero el otro día perdí un cheque y . . .

C Me paso la vida . . . Diga qué se pasa haciendo Ud. en casa o en la universidad. Aproveche de quejarse un poco de su trabajo.

EJEMPLO:—Me paso la vida buscando gangas en los baratillos porque no tengo dinero para comprar en la tienda de moda.

D Recompensas.   Ahora, diga cómo se recompensa Ud. después de lograr algo importante o algo que le dio mucho trabajo.

EJEMPLO: Después que terminan los exámenes de la mitad del semestre, me doy un gran banquete en el restaurante . . . y también me compro unas camisas o un suéter. Mi amiga Rosie generalmente se compra medio litro de helados. ¡Qué rico!

E Bolsillos rotos.   Pregúntele a un(a) compañero(a) cuándo se pone como un(a) "bolsillos rotos" y qué cosas hace.

EJEMPLO:—¿Cuándo te pones como un "bolsillos rotos"?
—Cuándo voy a la playa con mis amigos. Fíjate que comemos afuera y salimos a bailar y entonces me gusta pagar a mí.

F Mi estilo de gastar.   Escriba un párrafo sobre su estilo monetario. Diga qué tipo de gastador(a) cree Ud. que es, cuándo y por qué gasta más o menos dinero y qué locuras o sacrificios hace a veces.

EJEMPLO: Creo que soy un(a) gastador(a) compulsivo(a). Trabajo toda la semana para tener dinero para el bolsillo, pero cuando recibo mi cheque, me voy al centro comercial y me gasto todo el dinero en ropa, revistas y . . .

BRINGING MEANING TO WHAT YOU READ

A poem is like a painting filled with images, feelings, and ideas that the poet wants to express. To understand these images, feelings, and ideas, it is useful to have some background information about them. As you know, the title of a passage and any accompanying illustrations and their captions provide useful background information.

Follow these steps as you read *Puesto del Rastro.*

1. Read the title of the poem and look at the photograph that accompanies it.
2. What sorts of images do you think of when you hear the words "flea market"?
3. What do you think this poem is going to be about?
4. What background information do you bring to this poem that will help you to understand it better?

Now read lines 1-6.

5. What images came to mind as you read these six lines? How does your background information about flea markets and garage sales help you understand the poem? If you did not have the advantage of this cultural context, would the poem be more difficult to understand?
6. Note how the poet has strung together a series of nouns without inserting commas. What message do you think that the poet is trying to convey to the reader? Is she successful?
7. Read the rest of the poem as quickly as you can without looking at the glosses or using your dictionary. Skip over words or references you don't understand. What general impression has the poet "painted" here? In other words, what does she want to describe and highlight?
8. What does this poetic "painting" remind you of?
9. The poem contains names for many objects and it includes some cultural references. However, even native speakers may not be familiar with all of these objects and references. Read the poem again, pause after each period to think about what you read, then read another section and do the same. Don't worry if you don't know or understand all the references and objects mentioned, because the poet does not expect you to do so. Is this poem more like a painting or a photograph?
10. What do you like and dislike about the poem?

Ahora lea este poema de Gloria Fuertes sobre un mercado de las pulgas *(flea market)* muy famoso del centro de Madrid llamado El Rastro. Ud. ya leyó otro poema de Gloria Fuertes en el Capítulo 2 y ya sabe quién es ella y cómo escribe. Su estilo es muy directo.

PUESTO DEL
RASTRO

"Hornillos eléctricos
brocados bombillas /
discos de Beetho-
ven sifones de
selt . . ."

—Hornillos° eléctricos brocados bombillas°   *portable stoves*   *bulbs*
discos de Beethoven sifones de selt°   *seltzer siphon bottles*
tengo lamparitas de todos los precios,
ropa usada vendo en buen uso ropa
5   trajes de torero objetos de nácar,°   *mother-of-pearl*
miniaturas pieles libros y abanicos.
Braseros, navajas, morteros, pinturas.
Pienso para pájaros, huevos de avestruz.°   *ostrich*
Incunables° tengo gusanos de seda   *libros de antes de 1500*
10   hay cunas de niño y gafas de sol.
Esta bicicleta aunque está oxidada° es de buena marca.   *rusty*
Muchas tijeritas,° cintas bastidor.   *small scissors*

muebles para ropa	Entren a la tienda vean los armarios,°
veil or lace curtains	tresillos visillos° mudas interiores,
15	hay camas cameras casi sin usar.
	Artesas de pino forradas de estaño.
canned	Güitos en conserva,°
oil paintings	óleos° de un discípulo que fue de Madrazo[1].
crutches	Corbatas muletas° botas de montar.
20	Maniquíes tazones cables y tachuelas.
	Zapatos en buen uso, santitos a elegir,
	tengo Santas Teresas, San Cosmes y un San Bruno,
	palanganas alfombras relojes de pared.
(ceramic) tiles heaters	Pitilleras gramófonos azulejos° y estufas.°
25	Monos amaestrados, puntillas y quinqués.
	Y vean la sección de libros y novelas,
	la revista francesa con tomos de Verlaine[2],
	con figuras posturas y paisajes humanos.
	Cervantes Calderón el Oscar y Papini[3]
a cinco pesetas cada uno 30	son muy buenos autores a duro° nada más.
	Estatuas de Cupido en todos los tamaños
tapestry	y este velazqueño[4] tapiz° de salón,
	vea qué espejito, mantas casi nuevas,
	sellos importantes, joyas . . .

Tomado de Obras incompletas, *por
Gloria Fuertes, Ediciones Cátedra,
1978, página 66.*

¿Comprendió bien?

A Después de leer el poema, diga si en los puestos y tiendas tienen
cosas de las siguientes categorías o no.

1. cosas eléctricas
2. libros
3. ropa y zapatos
4. animales
5. objetos artísticos
6. objetos comunes
7. plantas
8. muebles
9. comida
10. antigüedades
11. frutas y verduras
12. curiosidades
13. objetos de adorno para la casa
14. instrumentos y
    herramientas (tools)
15. pinturas
16. aparatos electrónicos
17. objetos para enfermos

[1] Federico de Madrazo (1815-1894), pintor español de cuadros históricos.
[2] Famoso poeta francés.
[3] Escritores muy famosos, como los españoles Miguel de Cervantes y Saavedra (1547-
1616) y Pedro Calderón de la Barca (1600-1681), y desconocidos, como Oscar . . . y
Papini.
[4] De un estilo similar al de Velázquez, el famoso pintor español.

B Ahora, vuelva a leer el poema otra vez. Mientras lee el poema, escriba algunas de las cosas mencionadas en el poema y clasifíquelas en las categorías del ejercicio A.

> EJEMPLO: Cosas eléctricas: *hornillos eléctricos, bombillas, lamparitas . . .*

C Después de leer la descripción dada, encuentre el nombre del objeto en el poema.

> EJEMPLO: animalito que produce una fibra textil: *gusano de seda*

1. muebles de salón de tres piezas: un sofá y dos sillones
2. botas altas para montar a caballo
3. figura de proporciones humanas para ajustar ropa de caballeros o damas o para exhibir la ropa en las tiendas
4. animal que aprendió a actuar como persona
5. aparato que calienta una habitación cuando hace mucho frío
6. utensilios que sirven para cortarse las uñas o el cabello y otras cosas
7. lámpara de aceite o kerosén con tubo de cristal
8. cama pequeña para que duerma un niño o bebé

¡A PRACTICAR!

A Veamos qué tienen para mí. Imagínese que Ud. está en El Rastro de Madrid y que ve todas las cosas que menciona Fuertes en su poema. Haga una lista de las cosas que quiera comprar para Ud. y otra lista de lo que quiera comprar para un amigo o una amiga.

> EJEMPLO: Para mí: unos azulejos y algo de nácar y . . .
> Para mi amiga Jeanne: un quinqué antiguo y . . .

B ¿Cuándo abre Ud. su propio Rastro? Primero, haga una lista de todos los objetos que Ud. tenga, que estén en buenas condiciones y que Ud. quiera vender. Después, use los nombres de estas cosas (o de otros objetos también) para escribir un poema como el de Gloria Fuertes.

> EJEMPLO: Libros de idiomas novelas música y economía
> plantas secas bufandas calcetines y la vida mía.
> Todas las sillas un escritorio basura y cartas de amor . . .
> tijeritas navajas cuchillos trajes y un coliflor.

C **¿Para qué sirve esto?** Los mercados de las pulgas son tan interesantes por la variedad de objetos que realmente no conocemos bien. A menudo preguntamos "¿Para qué sirve esto?" Con un(a) compañero(a), pregúntenle a otros dos estudiantes para qué sirven las siguientes cosas.

EJEMPLO: un espejito

Un espejito sirve para mirarse (hacer señales en el mar o las montañas / pintarlo como decoración / quebrarlo para cortar algo).

1. una docena de bombillas
2. una cuna de niño
3. un sifón de selt
4. unos incunables
5. una cama redonda
6. una caja de cerveza caliente
7. un tresillo (un sofá y dos sillones)
8. cincuenta azulejos multicolores
9. un montón de gusanos de seda
10. una navaja antigua
11. una mesa de tres patas
12. un escritorio con treinta gavetas (*drawers*)
13. 20 kilos de pienso para pájaros
14. una docena de huevos de avestruz

D **¿Qué será?** Muchas veces olvidamos o no sabemos el nombre de un objeto. En estos casos se puede describir el objeto sin decir su nombre. Describan las cosas de la lista con un(a) compañero(a) y traigan otras cosas para describirlas con otro grupo también.

EJEMPLO: un quinqué

Es una cosa (un aparato / un asunto) que es muy antigua y es como una lámpara, pero no es eléctrica, sino que usa aceite.

1. una cuna
2. un incunable
3. un brasero
4. una navaja
5. una bombilla
6. un abanico
7. un maniquí
8. una bicicleta oxidada
9. un sello
10. un sifón
11. un hornillo
12. unas tijeritas

E **Cachivaches.** Con dos compañeros, busque fotografías, dibujos o recortes (*clippings*) de las cosas que Fuertes menciona en su poema. Después, pónganlos en un álbum en la misma secuencia en que ella los menciona. Escriban las líneas correspondientes del poema debajo de cada serie de fotos o dibujos. Uds. también pueden hacer un álbum con los objetos de su propio Rastro.

VOCABULARIO

Sustantivos

armario dresser (armoire)
asunto thing, problem
aumento de sueldo a (salary) raise
autoestimación self-respect
avestruz ostrich
azulejo (ceramic) tile
baratillo discount store
bienes things
"bolsillos rotos" spendthrifts
bombilla bulb
buscagangas bargain seeker
cajero automático automatic teller
cariño affection
cuenta corriente checking account
dibujo drawing
estacionamiento parking
estufa heater
exigencia demand
gaveta drawer
gramófono old-fashioned
  phonograph
gusano de seda silkworm
herramienta tool
hormiguita small, hardworking
  ant
hornillo portable stove or furnace
incunable book dated before 1500
locura crazy thing
logro achievement
manta blanket
mercado de las pulgas flea market
migaja crumb
muleta crutch
nácar mother of pearl
nivel level
óleo oil painting
poder power
raíz root
recorte clipping
rechazo rejection
santito saint's card
sifón de selt seltzer siphon bottle
tamaño size
tapiz tapestry
tijeritas small scissors
trampa trap
tresillo set of sofa and two chairs
visillo veil or lace curtain

Adjetivos

ahorrador thrifty
amaestrado trained
callado quiet
estafado cheated
gastador big spender
mero simple
oxidado rusty
riesgoso risky
sobregirado overdrawn

Verbos

ahorrar to save
atreverse a to dare
castigar to punish
ceder to give in
cobrar to cash
costearse to afford
deber to owe
desconcertarse to become
  nervous
entregar to give, to deliver
ganar to earn (money)
gastar to spend (money)
hallar to find
importar to matter
invertir to invest
lograr to obtain
luchar to fight
manejar to handle
merecer to deserve

Adverbios

apenas hardly

Expresiones idiomáticas

a duro five pesetas apiece
a pesar de que in spite of the fact that
a través de throughout
como éstos like the latter
de chico as a boy
dejarse pisotear to let others abuse one
en conserva canned
en el fondo in your heart, "deep down"
en oferta on special
hacer un cheque to write a check
hacer una oferta to offer a deal
ni siquiera not even
no importa cuánto no matter how much
pecar de celoso to be too jealous
seguir fracasando to continue to be a failure
sí mismo himself, herself, yourself, oneself
surtir efecto to work out (to be successful)

¿Quieres salir conmigo?

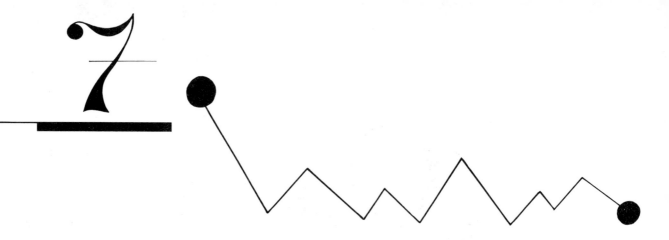

LOCATING USEFUL IN-FORMATION

You already know how to locate certain useful information when reading. For example, you can locate the main last name in a Hispanic name, and you can read addresses and many signs. You are now going to read an announcement and decide when you want to participate in some activities. In order to do this, you should remember that most Hispanic public announcements use the 24-hour system, which is also called "military time." To understand any time after noon, subtract 12 from the hour given.

> *La reunión del club de aerobismo es a las 17 hrs.*
> *17 − 12 = 5: La reunión es a las 5 de la tarde.*

Tomado de Mi comuna, *Año IX, Nº 94, mayo, 1987, página 7.*

EN LAS ESCUELAS NADIE

Desde los seis años en adelante está la posibilidad de participar
Actividades son gratuitas para los alumnos de las escuelas municipales

Entre 300 y mil pesos mensuales oscila el valor de cada una de las diferentes escuelas deportivas, en las que pueden participar niños desde 6 años hasta adultos, con clases separadas en ambas categorías. Todos los alumnos de los colegios municipales tienen derecho a participar gratuitamente en todas y cada una de estas actividades, que se llevarán a cabo en colegios, estadios, sedes vecinales y otras.

Las escuelas deportivas programadas para este año, divididas según el recinto, actividad y horario en que se llevarán a cabo son las siguientes:

Centro de Participación Social
(Mamiña esquina Quillagua, Villa La Reina)

Gimnasia aeróbica	Martes y jueves	17 a 19 horas
Folclore	Martes y jueves	19 a 22 horas
Vóleibol	(por definir)	

Estadio Dragones de la Reina
(Francisco de Villagra 6581)

Básquetbol	Miércoles	15 a 18 horas (niños)
	Miércoles	18 a 19 horas (adultos)
	Jueves	9 a 11 horas (niños)
	Viernes	17 a 21 horas (niños)
	Sábado	9 a 11 horas (adultos)
	Sábado	17 a 21 horas (campeonatos)
Vóleibol	Lunes	17 a 19 horas (niños)
	Jueves	18 a 20 horas (niños)
	Sábados	14 a 17 horas (adultos)
Gimnasia adultos	Lunes-jueves	20 a 21 horas

Lea este anuncio de multiactividades de un barrio de Santiago de Chile y conteste las preguntas que siguen.

1. Si Ud. quisiera tomar clases deportivas en esta comunidad, ¿tiene que pagar por las clases o no?
2. ¿Quiénes no necesitan pagar si asisten a estas clases?
3. Si Ud. trabaja todos los días hasta las cinco y media de la tarde, ¿cuándo puede asistir a las clases de gimnasia?
4. Si a su pareja no le gustan los deportes, ¿qué actividades hay para él o ella?
5. ¿Cuándo puede llevar a sus sobrinos a hacer pedestrismo o "jogging"?
6. ¿Puede la gente que trabaja tomar clases de tenis de mesa o pim-pón?
7. ¿A qué hora puede estudiar kárate su amigo(a)?
8. ¿Qué actividad les gustaría más a Ud. y a sus amigos?
9. ¿Dónde quedan el Estadio Municipal de La Reina y el Estadio Dragones de La Reina?
10. ¿Qué deporte parece ser el más popular según este anuncio?

RESULTA MARGINADO

Pedestrismo (velocidad)	Martes-jueves	8 a 9 horas
	Sábados	9 a 11 horas (adultos)
	Domingos	9 a 11 horas (niños)
Kárate	Lunes-miércoles	19 a 20 horas
	Sábados	11 a 14 horas
Tenis	Martes-jueves	9 a 11 horas (niños)
		15 a 19 horas (adultos)
Estadio Municipal de La Reina (Loreley 1070)		
Tenis	Lunes-martes viernes	10 a 11 horas (niños)
		15 a 18 horas (adultos)
Kárate-Do	Martes-jueves	19 a 22 horas
Montañismo	Jueves	17 a 19 horas
Escuela 227 (Parinacota 18 Villa La Reina)		
Pedestrismo	Lunes-martes jueves	15.30 a 17.30 horas
		10 a 12.30 horas
Hogar Las Creches Multiactividades Unidad Vecinal N° 10 (Leonardo da Vinci 7220)		
Folclore	Lunes-miércoles	18.30 a 20.00 horas
Guitarra	por definir	
Colegio Yangtsé (Larraín 7631)		
Tenis de mesa	Martes-jueves	14 a 17 horas
Montañismo	Viernes	16.30 a 18.00 horas

Ahora, lea la programación de televisión de los canales 2, 4, 5 y 9 de la Ciudad de México.

Televisión

CANAL 2

07:00 ■ EN FAMILIA. Diversión familiar.
10:00 ■ HOY MISMO. Noticiario.
11:55 ■ FUTBOL SOCCER. Especial Real Madrid 1987.
14:00 ■ ROUND CERO. Idolos del box.
14:15 ■ NOTIVISA. Noticiario.
14:30 ■ PARA GENTE GRANDE. Periodístico.
16:30 ■ ACCION. Resumen deportivo.
18:30 ■ SIEMPRE EN DOMINGO. Variedades.
22:00 ■ PELICULA. "Lagunilla mi barrio, II".
00:00 ■ NOTIVISA. Noticiario.
00:15 ■ 60 MINUTOS. Reportajes.
01:15 ■ ESPECIAL DE RTC.

CANAL 4

08:15 ■ PUNTO DE ENCUENTRO. Variedades internacionales.
09:15 ■ VAMOS A JUGAR JUGANDO. Variedades infantiles.
11:45 ■ PELICULA. "La tragedia del Hindemburg".
14:00 ■ PELICULA. "En pos de la gloria".
16:15 ■ PELICULA. "La tragedia del Hindemburg".
18:45 ■ PELICULA. "En pos de la gloria".
21:00 ■ PELICULA. "Me siguen llamando Trinity" (posible cambio de última hora).
23:45 ■ PELICULA. "Las reinas".

CANAL 5

13:00 ■ TENIS. Torneo abierto de Wimbledon.
16:00 ■ MAZZINGER Z. Caricaturas.
16:30 ■ BISKITTS. Caricaturas.
17:00 ■ PICARO, EL GATO. Caricaturas.
17:30 ■ GOLDIE GOLD. Caricaturas.
18:00 ■ LOS SUPER AMIGOS. Caricaturas.
18:30 ■ LA GUARIDA DEL DRAGON. Caricaturas.
19:00 ■ DISNEYLANDIA. Aventuras.
20:00 ■ EL HOMBRE NUCLEAR. Aventuras.
21:00 ■ REPORTERA DEL CRIMEN. Policiaca.
22:00 ■ ALFRED HITCHCOCK. Teatro de suspenso.
22:30 ■ EL JUSTICIERO. Melodrama.
23:30 ■ PELICULA. "Policía o modelo".

CANAL 9

08:00 ■ LA VIDA EN LA TIERRA. Documental.
09:00 ■ RITMO VITAL. Gimnasia.
10:00 ■ ESTUDIO 54. Historia de la música.
13:00 ■ VIDEO COSMOS La televisión del siglo XXI.
17:00 ■ LAS MANOS DEL HOMBRE. Documental.
17:30 ■ HACIA UNA MEJOR VIDA. Documental.
18:00 ■ LO MEJOR DE LA MUSICA.
20:00 ■ LO MEJOR DE LA OPERA.
22:00 ■ LO MEJOR DEL TEATRO.

1. Si a Ud. le gusta el boxeo, ¿a qué hora debe encender el televisor?
2. ¿Hay programas para niños en la tarde? ¿A qué hora y en qué canal?
3. Siempre es bueno estar al día en las noticias. ¿A qué hora hay noticiario?
4. ¿Qué película prefiere Ud., en qué canal y a qué hora?
5. ¿Qué programa hay para los amantes del fútbol?
6. ¿Hay algún programa de béisbol?
7. ¿Cuál es el canal educacional público?

¡A PRACTICAR!

A Un horario ideal. Escriba un horario completo de televisión para el día sábado. Ponga sus programas favoritos a las horas que a Ud. le convengan. Después, compare su horario con el de un(a) compañero(a).

B Multiactividades. Pregúntele a un(a) compañero(a) qué actividades tiene aparte de sus clases. Después, cambien papeles.

> EJEMPLO: —¿Qué actividades te gusta hacer para divertirte?
> —Estoy en clases de natación y también me gusta mucho cantar en el coro. ¿Y tú?

WORKING WITH GRAPHS, CHARTS, TABLES, AND OTHER DIAGRAMS

Sometimes different sorts of illustrations, such as graphs, charts, and statistical tables, accompany readings. The purpose of these diagrams is to illustrate a great amount of information in a concise, readable format.

Ahora, lea el siguiente artículo y trabaje con la tabla que contiene algunas opiniones muy interesantes de chicos españoles sobre los novios.

Los Novios

Para celebrar la fiesta de los enamorados, el día de San Valentín, *El Sol* entrevistó a un grupo de jóvenes madrileños para saber la opinión de los españoles sobre la cuestión de los novios. ¿Por qué no contesta Ud. a la encuesta *(survey)* de *El Sol*? Haga la encuesta entre algunos de sus compañeros de clase y luego compare los resultados con los de los jóvenes españoles.

¿Cuál es la primera cosa que te atrae a un(a) novio(a) o amigo(a)?

	tu respuesta	% respuestas de la clase	% respuestas de los españoles
La personalidad	_____	_____	24%
La simpatía	_____	_____	22%
El físico	_____	_____	8%
La forma de ser	_____	_____	10%
La inteligencia	_____	_____	12%
La sinceridad	_____	_____	13%
El cariño	_____	_____	11%

¿Dónde se conocen la mayoría de los (las) amigos(as) o novios(as)?

	tú	la clase	los españoles
Por medio de amigos			21%
En los lugares de veraneo			7%
En las discotecas			36%
En el colegio			25%
En la calle			5%
Haciendo deportes			6%

¿Quién propone la primera cita?

	tú	la clase	los españoles
La chica			0%
El chico			87%
No importa			13%

¿Adónde van los novios/amigos cuando salen por primera vez?

	tú	la clase	los españoles
A la discoteca			26%
Al cine			33%
A dar una vuelta			23%
Al parque			12%
A una fiesta			6%

Tomado de El Sol, *vol. 26, N° 4, febrero de 1987, página 5.*

¡A PRACTICAR!

DRAWING CONCLU- SIONS AND FORMING OPINIONS

En resumen. Escriba un resumen de los resultados de la encuesta entre sus amigos. También haga una comparación con los estudiantes españoles. Incluya comentarios sobre los aspectos más interesantes de la encuesta para Ud.

Sometimes it is not enough to understand the main ideas and factual details of a passage. Understanding the author's point of view on a particular subject can also be an important purpose for reading. One way to comprehend the author's perspective is to "read between the lines," that is, to draw inferences about what the writer has expressed indirectly. The following steps are designed to help you understand some thoughts and feelings expressed by a great Spanish philosopher and writer, Miguel de Unamuno.

1. Read the biographical information on Unamuno.
2. Read the title of the reading and the Latin expression. How do they complement each other? What do they tell you about Unamuno's philosophy of life?
3. Read the first five paragraphs. What conclusion do you draw about Unamuno's view of marriage? Write down the phrases that support your conclusion. Look up the biblical quotation referred to in the fourth paragraph. In the same paragraph, Unamuno gives an actual quotation from the Bible. What do these two quotations tell you about the basis for some of Unamuno's thinking?
4. Paragraph 6 is very short—*Y así corrían los días*. Why do you suppose Unamuno chose to make that line a separate paragraph rather than including it at the end of paragraph 5?
5. In paragraph 7, Unamuno introduces a problem. What is the problem? (Look for words and phrases such as *no observar señales del fruto esperado*.) The solution to the problem appears in paragraphs 8 and 9.
6. Notice how paragraphs 10-12 begin. Read them carefully, thinking about the title of the passage and how these three paragraphs reflect Unamuno's philosophy of life. Write two or three sentences in English that summarize his philosophy as shown up to this point in the reading.
7. In paragraph 13, Unamuno introduces another problem which continues through paragraph 17. What is the problem? Read between the lines and summarize in English how Unamuno feels about it.
8. Find the solution to the problem by skimming the rest of the reading. Write down the solution. What can you infer about Unamuno's philosophy of love, courtship, marriage, and family after having read this passage? How did you come to those conclusions?

Ahora, lea este cuento sobre la familia y sus valores.

AL CORRER DE LOS AÑOS

El cuento que Ud. va a leer ahora es de Miguel de Unamuno (1864-1936), filósofo y ensayista español de origen vasco, el escritor más profundamente religioso de su generación. Gran luchador, fue perseguido por su oposición a los alemanes durante la Primera Guerra y a un dictador español después. Vivió varios años exiliado en Francia, en un pueblo (Hendaya) desde donde podía ver el País Vasco español que tanto quería. Hombre de pasión y contradicción, siempre trató de explorar los dos lados de todas las cosas. Escribió muchos ensayos, cuentos y algunas novelas como Niebla. *Quizás su obra más influyente sea* Del sentimiento trágico de la vida en los hombres y en los pueblos.*

Eheu, fugaces, Postume, Postume,
labuntur anni . . .[1]

Juan y Juana[2] se casaron después de largo noviazgo,° que les permitió   romance de novios
conocerse, y más bien que conocerse, hacerse el uno al otro. Conocerse
no, porque dos novios, lo que no se conocen en ocho días no se conocen
tampoco en ocho años, y el tiempo no hace sino echarles sobre los ojos
un velo°—el denso velo del cariño—, para que no se descubran mutua-   *veil*
mente los defectos o, más bien, se los convierten a los encantados ojos
en virtudes.

    Juan y Juana se casaron después de un largo noviazgo y fue como
continuación de éste su matrimonio.

    La pasión se les quemó como mirra° en los transportes de la luna de   *myrrh*
miel, y les quedó lo que entre las cenizas° de la pasión queda y vale   *ashes*
mucho más que ella: la ternura.° Y la ternura en forma de sentimiento   *tenderness*
de la convivencia.°   *living together, communion of flesh
    and spirit*

[1] ¡Ay, Póstumo, cuán fugaces *(quickly)* corren los años!
[2] Juan y Juana son la pareja clásica tal como *John and Mary*.

flesh
pero
excita

Siempre tardan los esposos en hacerse dos en una carne,° como el Cristo dijo (Marcos X, 8). Mas° cuando llegan a esto, coronación de la ternura de convivencia, la carne de la mujer no enciende° la carne del hombre, aunque ésta de suyo se encienda; pero también, si cortan entonces la carne de ella, duélele a él como si la propia carne le cortasen.

extremo

Y éste es el colmo° de la convivencia, de vivir dos en uno y de una misma vida. Hasta el amor, el puro amor, acaba casi por desaparecer. Amar a la mujer propia se convierte en amarse a sí mismo, en amor propio, y

rule *fellow man*

esto está fuera de precepto°; pues si se nos dijo "ama a tu prójimo° como a ti mismo",[3] es por suponer que cada uno, sin precepto, a sí mismo se ama.

Llegaron pronto Juan y Juana a la ternura de convivencia, para la que su largo noviciado al matrimonio les preparaba. Y a las veces, por

el suave calor   aparecía el

entre la tibieza° de la ternura, asomaban llamaradas del° calor de la pasión.

Y así corrían los días.

se enojaba

Corrían y Juan se amohinaba° e impacientaba en sí al no observar señales del fruto esperado. ¿Sería él menos hombre que otros hombres a quienes por tan poco hombres tuviera? Y no os sorprenda esta considera-ción de Juan, porque en su tierra, donde corre sangre semítica,° hay un

judía

sentimiento demasiado carnal de la virilidad.[4] Y secretamente, sin decír-selo el uno al otro, Juan y Juana sentían cada uno cierto recelo° hacia el

desconfianza

otro, a quien culpaban de la presunta frustración de la esperanza ma-trimonial.

Por fin, un día Juana le dijo algo al oído a Juan—aunque estaban solos y muy lejos de toda otra persona, pero es que en casos tales se juega al secreteo—y el abrazo de Juan a Juana fue el más apretado° y

tight

el más caluroso de cuantos abrazos hasta entonces le había dado. Por fin, la convivencia triunfaba hasta en la carne, trayendo a ella una nueva vida.

Y vino el primer hijo, la novedad, el milagro. A Juan le parecía casi imposible que aquello, salido de su mujer, viviese, y más de una noche, al volver a casa, inclinó su oído sobre la cabecita del niño, que en su cuna dormía, para oír si respiraba. Y se pasaba largos ratos con el libro abierto delante, mirando a Juana cómo daba la leche de su pecho a Juanito.

Y corrieron dos años y vino otro hijo, que fue hija—pero, señor, cuando se habla de masculinos y femeninos, ¿por qué se ha de aplicar

---

[3] Uno de los mandamientos *(Ten Commandments)*.

[4] Ésta es una referencia a las tradiciones judías que se continúan en las tradiciones hispanas. La influencia judía es importante porque en España vivieron grandes can-tidades de judíos sefarditas por muchos siglos. Muchos tuvieron que convertirse al catolicismo para escapar la persecución después de que los judíos fueran expulsados de España en 1492.

a ambos aquel género y no éste?[5]—y se llamó Juanita, y ya no le pareció a Juan, su padre, tan milagroso, aunque tan doloroso le tembló al darlo a luz Juana, su madre.

Y corrieron años, y vino otro, y luego otro, y más después otro, y Juan y Juana se fueron cargando de hijos. Y Juan sólo sabía el día del natalicio° del primero, y en cuanto a los demás, ni siquiera hacia qué mes habían nacido. Pero Juana, su madre, como los contaba por dolores, podía situarlos en el tiempo. Porque siempre guardamos en la memoria mucho mejor las fechas de los dolores y desgracias que no las de los placeres y venturas. Los hitos° de la vida son dolorosos más que placenteros.°

Y en este correr de años y venir de hijos, Juana se había convertido de una doncella° fresca y esbelta en una matrona otoñal cargada de carnes, acaso en exceso. Sus líneas se habían deformado en grande, la flor de la juventud se le había ajado.° Era todavía hermosa, pero no era bonita ya. Y su hermosura era ya más para el corazón que para los ojos. Era una hermosura de recuerdos, no ya de esperanzas.

Y Juana fue notando que a su hombre Juan se le iba modificando el carácter según los años sobre él pasaban, y hasta la ternura de la convivencia se le iba entibiando.° Cada vez eran más raras aquellas llamaradas de pasión que en los primeros años de hogar estallaban° de cuando en cuando de entre los rescoldos de la ternura. Ya no quedaba sino ternura.

Y la ternura pura se confunde a las veces con el agradecimiento,° y hasta confina con la piedad.° Y a Juana los besos de Juan, su hombre, le parecían, más que besos a su mujer, besos a la madre de sus hijos, besos empapados° en gratitud por habérselos dado tan hermosos y buenos, besos empapados acaso en piedad por sentirla declinar en la vida. Y no hay amor verdadero y hondo, como era el amor de Juana a Juan, que se satisfaga con agradecimiento ni con piedad. El amor no quiere ser agradecido ni quiere ser compadecido.° El amor quiere ser amado porque sí, y no por razón alguna, por noble que ésta sea.

Pero Juana tenía ojos y tenía espejo por una parte, y tenía, por otra, a sus hijos. Y tenía, además, fe en su marido y respeto a él. Y tenía, sobre todo, la ternura que todo lo allana.°

Mas creyó notar preocupado y mustio° a su Juan, y a la vez que mustio y preocupado, excitado. Parecía como si una nueva juventud le agitara° la sangre en las venas. Era como si al empezar su otoño, un veranillo de San Martín[6] hiciera brotar° en él flores tardías que habría de helar° el invierno.

Juan estaba, sí, mustio; Juan buscaba la soledad; Juan parecía pen-

	la fecha de nacimiento
	landmarks agradables
	mujer joven soltera
	withered
	enfriando
	explotaban
	thanks
	lástima
	llenos
	con lástima
	facilita
	sin interés, triste
	despertara
	to bloom
	matar

---

[5] Ésta es una referencia a la necesidad de usar "ellos" o un sustantivo masculino "hijos" cuando se habla de un grupo de hombres y mujeres.

[6] Equivalente de *Indian summer*.

sar en cosas lejanas cuando su Juana le hablaba de cerca; Juan andaba distraído. Juana dio en° observarle y en meditar, más con el corazón que con la cabeza, y acabó por descubrir lo que toda mujer acaba por descubrir siempre que fía la inquisición al° corazón y no a la cabeza: descubrió que Juan andaba enamorado. No cabía duda alguna de ello.

Y redobló Juana de cariño y de ternura y abrazaba a su Juan como para defenderlo de una enemiga invisible, como para protegerlo de una mala tentación, de un pensamiento malo. Y Juan, medio adivinando el sentido de aquellos abrazos de renovada pasión, se dejaba querer y redoblaba ternura, agradecimiento y piedad, hasta lograr revivir° la casi extinguida llama de la pasión que del todo es inextinguible. Y había entre Juan y Juana un secreto patente° a ambos, un secreto en secreto confesado.

Y Juana empezó a acechar° discretamente a su Juan buscando el objeto de la nueva pasión. Y no lo hallaba. ¿A quién, que no fuese ella, amaría Juan?

Hasta que un día, y cuando él y donde él, su Juan, menos lo sospechaba, lo sorprendió,° sin que él se percatara de ello, besando un retrato.° Y se retiró angustiada, pero resuelta a saber de quién era el retrato. Y fue desde aquel día una labor astuta, callada y paciente, siempre tras el misterioso retrato, guardándose la angustia, redoblando de pasión, de abrazos protectores.

¡Por fin! Por fin un día aquel hombre prevenido y cauto, aquel hombre tan astuto y tan sobre sí° siempre, dejó—¿sería adrede?°—dejó al descuido la cartera en que guardaba el retrato. Y Juana temblando, oyendo las llamadas de su propio corazón que le advertía, llena de curiosidad, de celos, de compasión, de miedo y de vergüenza, echó mano a° la cartera. Allí, allí estaba el retrato; sí, era aquél, aquél, el mismo, lo recordaba bien. Ella no lo vio sino por el revés cuando su Juan lo besaba apasionado, pero aquel mismo revés, aquel mismo que estaba entonces viendo.

Se detuvo un momento, dejó la cartera, fue a la puerta, escuchó un rato y luego la cerró. Y agarró el retrato, le dio vuelta y clavó en él los ojos.°

Juana quedó atónita,° pálida primero y encendida de rubor° después; dos gruesas lágrimas° rodaron de sus ojos al retrato y luego las empujó besándolo. Aquel retrato era un retrato de ella, de ella misma, sólo que . . . ¡ay, Póstumo, cuán fugaces corren los años! Era un retrato de ella cuando tenía veintitrés años, meses antes de casarse, era un retrato que Juana dio a su Juan cuando eran novios.

Y ante el retrato resurgió a sus ojos todo aquel pasado de pasión, cuando Juan no tenía una sola cana° y era ella esbelta y fresca como un pimpollo.°

¿Sintió Juana celos de sí misma? o mejor, ¿sintió Juana de los cuarenta y cinco años celos de la Juana de los veintitrés, de su otra Juana? No, sino que sintió compasión de sí misma, y con ella, ternura, y con la ternura, cariño.

got used to

basa la investigación en el

make it true again

evidente

to spy

lo vio
portrait

tan cuidadoso   *on purpose*

tomó rápidamente

lo miró con mucha atención
astounded   blushing
big tears

gray hair
"spring chicken"

Y tomó el retrato y se lo guardó en el seno.° | en el pecho

Cuando Juan se encontró sin el retrato en la cartera receló algo y se mostró inquieto.

Era una noche de invierno y Juan y Juana, acostados ya los hijos, se encontraban solos junto al fuego del hogar; Juan leía un libro; Juana hacía labor. De pronto Juana dijo a Juan:

—Oye, Juan, tengo algo que decirte.

—Di, Juana, lo que quieras.

Como los enamorados, gustaban de repetirse uno al otro el nombre.

—Tú, Juan, guardas un secreto.

—¿Yo? ¡No!

—Te digo que sí, Juan.

—Te digo que no, Juana.

—Te lo he sorprendido, así es que no me lo niegues, Juan.

—Pues, si es así, descúbremelo.

Entonces Juana sacó el retrato, y alargándoselo a Juan, le dijo con lágrimas en la voz:

—Anda, toma y bésalo, bésalo cuanto quieras, pero no a escondidas.° | *not on the sly*

Juan se puso encarnado,° y apenas repuesto de la emoción de sorpresa, tomó el retrato, lo echó al fuego y acercándose a Juana y tomándola en sus brazos y sentándola sobre sus rodillas, que temblaban,° le dio un largo y apretado beso en la boca, un beso en que de la plenitud de la ternura refloreció la pasión primera. Y sintiendo sobre sí el dulce peso de aquella fuente de vida, de donde habían para él brotado con nueve hijos más de veinte años de dicha reposada, le dijo: | *se le puso muy roja la cara* / *were shaking*

—A él no, que es cosa muerta y lo muerto al fuego; a él no, sino a ti, a ti, mi Juana, mi vida, a ti que estás viva y me has dado vida, a ti.

Y Juana, temblando de amor sobre las rodillas de su Juan, se sintió volver a los veintitrés años, a los años del retrato que ardía calentándolos con su fuego.

Y la paz de la ternura sosegada° volvió a reinar en el hogar de Juan y Juana. | tranquila

Tomado de El espejo de la muerte y otros relatos novelescos *por Miguel de Unamuno, Editorial Juventud, Barcelona, páginas 88-93.*

¿Comprendió bien?

A Conteste las siguientes preguntas de acuerdo a lo que leyó.

1. ¿Qué tiene que ver el refrán latino *Eheu, fugaces, Postume, Postume, labuntur anni* con este cuento?
2. ¿Qué frase usa el autor para decir que el tiempo y el cariño no les permiten ver sus defectos a los novios y esposos de muchos años?
3. ¿Está de acuerdo Ud. en que la ternura vale más que la pasión?
4. ¿Cómo ilustra el autor que, con el tiempo, los esposos que se quieren se convierten en el mismo cuerpo, en la misma persona?
5. ¿Por qué cree Ud. que Juana le contó en secreto a Juan que estaba embarazada *(pregnant)*?
6. ¿Qué tenían en común Juanito y Juanita?
7. Para Ud., ¿son los hitos de su vida dolorosos o placenteros?
8. ¿Por qué—a pesar de los hijos, su exceso de peso y el trabajo— era Juana todavía hermosa?
9. ¿Cuántos hijos tuvieron Juan y Juana?
10. ¿Por qué se enamoró otra vez Juan?

B Describa las siguientes etapas de la vida de Juan y Juana.

1. su noviazgo
2. la pareja con sus niños
3. cómo cambió esta pareja con los años
4. los celos de Juana

C Escriba un párrafo con su opinión. ¿Cuál es el principal mensaje de Unamuno en este cuento?

Juan y Juana andan
de paseo por la
avenida.

A Los cambios. Como este cuento cubre muchos años, hay varios cambios en los personajes y su vida. Aparee las expresiones que identifican los cambios a través de los años.

EJEMPLO: Juan joven → Juan con canas

tibieza	primera hija
pasión	placer
retrato muerto	matrona
esbelta	ternura
dolor	Juana viva
doncella	llamaradas
Juanito	cargada de carnes

B **Leyendo entre líneas.** Hay varias cosas que no sabemos acerca de Juan y Juana y del autor; quizás estas cosas se puedan inferir del cuento. Conteste las preguntas que siguen y dé el número del párrafo donde se encuentra parte de la respuesta.

1. ¿Saben leer Juan y Juana o son analfabetos?
2. ¿Trabajan Juan y Juana? ¿Qué ocupación tiene cada uno de ellos?
3. ¿Cuántos años tienen Juan y Juana ahora? ¿Cuántos años tiene el hijo mayor?
4. ¿Son Juan y Juana gente de la ciudad, de un pueblo o del campo? ¿Por qué?
5. ¿Cuál es la coronación del amor, según el autor?
6. ¿Cuál es la coronación de la convivencia, según Juan y el autor?
7. ¿Qué *no* puede ser el amor, según Juana y el autor?
8. ¿Qué le pasa a una persona cuando se enamora?

C **Amor ideal, amor real.** Es muy posible que Ud. conozca a una pareja de un Juan y una Juana. Sin embargo, hay otras parejas que no son así. Con un(a) compañero(a), hagan un contraste entre estas dos parejas típicas. Primero, comparen las parejas según las categorías dadas y otras que Uds. quieran. Después, escriban un párrafo con sus ideas y léanselo al resto de la clase.

	Juan y Juana	**Otra pareja**
¿Quieren hijos?		
¿Trabaja la mujer?		
¿Son siempre fieles?		
¿Se hicieron el uno al otro?		
¿Es la familia su principal preocupación?		

D Una segunda luna de miel. Imagínese que usted es un(a) Juan (Juana) o un(a) miembro de la otra pareja del ejercicio C. Usted quiere ir con su pareja a una segunda luna de miel. Converse con un(a) compañero(a); él (ella) es el (la) agente de viajes.

Cliente	Agente de viajes
1. Salude adecuadamente.	1. Conteste el saludo.
2. Explique lo que Ud. quiere hacer.	2. Reaccione positivamente y hágale algunas preguntas básicas: número de personas, fecha de salida, clase de servicio, etc.
3. Responda a las preguntas.	3. Describa dos o tres lugares perfectos para una luna de miel.
4. Haga comentarios sobre esos lugares.	4. Exprese sus propias opiniones basadas en su experiencia.
5. Decida adónde le gustaría ir y dígaselo al (a la) agente.	5. Responda adecuadamente.

E ¿Solo o acompañado? Si el matrimonio es tan complicado, es mejor vivir solo, piensa mucha gente. Escriba una o dos frases sobre cada uno de los temas dados. Después, discuta sus ideas con un(a) compañero(a).

1. ventajas y desventajas de un noviazgo largo
2. ventajas y desventajas de casarse
3. ventajas y desventajas de ser soltero(a)
4. ventajas y desventajas de tener hijos

F Hitos de la vida. ¿Son sus hitos o los de su familia placenteros o dolorosos? Escriba un párrafo sobre ellos.

EJEMPLO: Parece que nuestros hitos son más bien dolorosos. Siempre recordamos la gran enfermedad de papá y los problemas económicos y la vez que yo me quebré una pierna jugando fútbol americano. Por supuesto, también hay cosas placenteras, como mi graduación de la escuela secundaria.

VOCABULARIO

Sustantivos

agradecimiento appreciation, thanks
canas gray hair
carne flesh
cenizas ashes
colmo culmination
convivencia living together, communion of flesh and spirit
día del natalicio birthday
doncella young, unmarried woman
encuesta survey
ensayo essay
hito landmark
inquisición investigation
lágrima tear
mirra myrrh
noviazgo courtship
pedestrismo hiking
piedad shame, pity
pimpollo "spring chicken"
precepto rule
prójimo fellow man
recelo mistrust
retrato portrait
seno breast
ternura tenderness
tibieza tenderness
velo veil

Adjetivos

apretado tight
atónito astounded

compadecido with pity
embarazada pregnant
empapado full
fugaz fast
grueso big
mustio unresponsive
patente evident
placentero pleasant
semítico Jewish
sosegado calm

Verbos

acechar to spy
agitar to awaken
allanar to facilitate, to make easy
amohinarse to get angry
asomar to appear
correr to pass
encender to excite
entibiar to cool down
estallar to explode
fiar a to trust (something to someone)
helar to freeze
sorprender to surprise, to "catch"
temblar to shake

Conjunción

mas but

Expresiones idiomáticas

adrede on purpose
a escondidas on the sly
clavar los ojos en to stare at
echar mano a to take quickly
encendido de rubor blushing
lograr revivir to make true again
ponerse encarnado to blush
tan sobre sí so careful

¡Con la salud no se juega!

8

READING FOR ADVICE

One reason that people read is to obtain advice on a particular subject. Here are three pieces of advice and several activities to help you become a more proficient reader of Spanish.

- Associate!

    What relationship is there between the title of this chapter (**¡Con la salud no se juega!**) and part of the title of the next reading (**¡Llenos de energía!**)? Why do you suppose the authors used exclamation marks in the titles?

    The reading passage that follows offers advice on how to stay healthy. Write five suggestions in Spanish for staying in good health. You can use command forms (*Haga . . . , No haga . . . , Trate de . . .*) and expressions of advice (*No se debe . . . , Es mejor . . . , Cuidado con . . . , Preste atención a . . .*).

- Anticipate!

    As you know, photographs, drawings, and other illustrations can help you guess the content of a reading. Words and phrases can also help you predict what will follow. Read the following phrases, then finish each one logically.

    EXAMPLE: Se sentía mal del estómago porque . . . *está encinta; va a tener un bebé.*

    1. Hay tres cosas que se pueden hacer para mantener la buena salud . . .
    2. Otra forma de mantenerse sano es . . .
    3. Beber mucho alcohol está mal, pero . . .
    4. Es mejor que tomes un buen desayuno para que . . .
    5. Uno no debe preocupar tanto de su peso. Además, . . .

- Participate!

    In the following article, there are ten subtitles containing the main ideas, each of which is numbered and printed in boldface type. Your task is to read these paragraphs, then look for information that provides some detail about them.

Ahora, lea Ud. este artículo sobre cómo empezar el día lleno(a) de energía para que todo salga bien.

Cómo levantarse ¡llenos de energía!:
10 "tips" que sí funcionan

Para mantenerse
sano, no hay como
el ejercicio.

Cuando suena la alarma del reloj, mi amigo Jorge dice algo ininteligible, saca un brazo de debajo de las mantas y apaga el reloj, . . . pero no se levanta. Mi tía Angelita, por otro lado, se levanta temprano y con mucho ánimo, prepara a sus niños para el colegio y hace el desayuno y después . . . se desploma° en el sofá de la sala y se duerme por una hora. Lo que pasa con esta gente es que necesitan cambiar la forma en que se sienten al despertarse para mantenerse más contentos durante el día. Despertarse en forma agradable es un requisito indispensable para vivir feliz. Aquí le sugerimos cómo hacerlo:

cae muerta de cansancio

1. DESARROLLE UNA RUTINA QUE PUEDA CUMPLIR.°

mantener

De acuerdo con las últimas investigaciones, usted dormirá plácidamente toda la noche si su cuerpo está sincronizado. Para conseguirlo, sus horarios° tienen que ser lo más regulares que sea posible, especialmente en

schedule

lo que se refiere a acostarse y levantarse. Durante los fines de semana, no altere sus hábitos; no duerma siestas ni duerma hasta el mediodía. Cualquiera de estas cosas alterará el "horario" interno de su cuerpo y el resultado será que, al final, habrá descansado menos que si se hubiera levantado a la misma hora que los días de trabajo.

2. HAGA LA CANTIDAD PRECISA DE EJERCICIOS EN LOS MOMENTOS ADECUADOS.

Toda la gente debiera hacer ejercicio al menos 30 minutos tres veces por semana. Pero no haga ejercicio antes de irse a la cama, porque el cuerpo necesita algunas horas para perder el calor y la energía que le da el movimiento. Es mejor que haga gimnasia por la tarde,* de manera que a la hora de irse a la cama ya esté naturalmente cansado y soñoliento.° *(sleepy)*

3. EVITE LA CAFEÍNA.

Elimine la cafeína a todas horas, pero especialmente a partir de las dieciocho horas. Recuerde que la cafeína es un estimulante, y que se encuentra no sólo en el café, sino en el té y las bebidas gaseosas también.

4. REDUZCA O ELIMINE EL CONSUMO DE ALCOHOL.

El alcohol es otro culpable de la falta de sueño. Aunque un trago de licor a la hora de irse a la cama lo relaje y le dé sueño, luego puede desvelarlo,° *(keep you awake)* o capaz que sea la causa de que nos despertemos varias veces durante la noche. Por eso, es mejor tomar sólo un vaso de vino por la noche, pero con la cena.

5. AVERIGÜE SI LOS REMEDIOS QUE TOMA PUEDEN AFECTAR SU SUEÑO.

Muchos productos para el catarro o resfrío común, la gripe, el asma, las alergias, la presión alta° *(hipertensión)* y algunos problemas cardíacos pueden alterar su ritmo de sueño. Trate de tomar los remedios estrictamente necesarios. Si descubre que alguno de ellos le produce insomnio, dígaselo a su médico inmediatamente.

6. AL DESPERTARSE, ESTÍRESE° EN LA CAMA TODO LO QUE PUEDA. *(stretch)*

Imagínese que es un gato; estírese en todas direcciones, extienda bien sus brazos y piernas, despierte cada uno de sus músculos, porque los

---

* Spanish speakers have a different perception than English speakers when they say *la tarde,* since the period referred to is much longer than "afternoon" because it includes part of the evening. Although it varies depending on the season, it generally refers to the time between the end of the main meal *(comida/almuerzo)* and dusk.

especialistas dicen que no hay que bajarse de la cama hasta sentirse totalmente despierto. Lleve sus rodillas al pecho para estirar bien su espalda. Sólo entonces levántese suavemente. Camine un poco por la casa y salte un poco para sentirse mejor.

7. DESAYUNE.

Ahora muchos dietistas creen que no existe el desayuno perfecto; cada persona tiene que descubrir qué es mejor para él o ella. Pero no deje de tomar desayuno.

8. HAGA ALGO AGRADABLE.

La primera actividad del día debiera ser algo que a Ud. le guste hacer: escuchar música, leer un rato, cantar con la radio, darse una ducha y escuchar las noticias o algo así.

9. ASEGÚRESE DE QUE NADA LE PREOCUPE.

A veces no podemos levantarnos y sentirnos bien porque sabemos lo que nos espera: un examen difícil, un montón de tareas que hacer, o un montón de trabajo de oficina que no nos gusta. Pues bien, no hay técnica que le ayude a ponerse al día° en lo que ha postergado por tanto tiempo. ¡Saque tiempo de donde no haya y póngase al día de una vez por todas!°

recuperar el tiempo
once and for all

10. CONOZCA BIEN SU CICLO DE SUEÑO.

Si no lo conoce no puede organizarse bien, según sus reales necesidades de sueño. Por ejemplo, hay gente que se siente mucho mejor por la noche que por la mañana; son aves nocturnas° que se duermen cuando sale el sol y se despiertan con las sombras de la tarde. Si éste es su caso, haga lo que más pueda por la tarde y la noche para que no tenga muchos problemas que resolver por la mañana. Por el contrario, si a Ud. le gusta levantarse con los gallos,° váyase a la cama temprano y deje todo para la mañana siguiente.* Entonces tendrá más energía para terminar las cosas que no pudo hacer por la noche, cuando ya no veía de sueño.

night people, "night owls"

tempranísimo

   Cuando siga estas diez simples reglas de buena salud, le garantizamos que se sentirá mucho mejor al despertar por la mañana.

Tomado de "Cómo levantarse ¡llenos de energía!: 10 'tips' que sí funcionan" por Jane Clark, Buenhogar, Nº 6, 12 de marzo, 1987, páginas 28-29.

---

* Este tipo de persona siempre dice "Tengo tanto que hacer que debiera acostarme inmediatamente".

¿Comprendió bien?

Complete las siguientes frases, de acuerdo a lo que leyó y a sus propias ideas.

1. Hay gente que empieza muy mal el día porque . . .
2. Según el párrafo 1, cada persona debiera descubrir el mejor ritmo de actividad y descanso para . . .
3. Según el párrafo 2, si Ud. hace ejercicio por la mañana . . .
4. Además del ejercicio por la noche, también podemos desvelarnos si . . .
5. Antes de tomar desayuno, Ud. debiera seguir la siguiente rutina: . . .
6. Para evitar el tremendo peso de los problemas que le esperan durante el día, sería conveniente que Ud. . . .
7. Las aves nocturnas prefieren . . . , mientras que los que se levantan con los gallos tienden a . . .

Ahora, lea Ud. el siguiente artículo sobre un secreto de naturaleza para quitar el dolor de cabeza.

¿Comprendió bien?

1. ¿Qué es necesario hacer para quitar el dolor?
2. ¿Cómo dice el autor que hay que "buscar el punto donde se siente una sensación agradable" en la parte musculosa?
3. ¿Dónde hay que aplicar presión para eliminar el dolor de cabeza?
4. ¿Cuántas veces hay que repetir la operación?

¡ADIOS DOLOR DE CABEZA!

De acuerdo con estudios realizados en Estados Unidos, quitar el dolor de cabeza es facilísimo. Se ha descubierto que presionando partes específicas del cuerpo se puede suprimir el dolor. El punto en el cual se quita el dolor de cabeza se llama punto "Hegu". Se localiza en la masa musculosa que está entre el dedo pulgar y el índice (vea el dibujo). Para encontrar el punto, estire bien la mano con el dedo pulgar hacia afuera; entonces, con los dedos índice y pulgar de la otra mano va tocando hasta que, en esa parte musculosa, sus dedos tropiecen con un lugar donde siente un ligero cosquilleo. Para proceder a quitar el dolor de cabeza, aplique presión sobre el famoso punto durante 30 segundos. Luego cambie para la otra mano y hágalo cuantas veces sea necesario ¡hasta que el dolor haya desaparecido!

¿Metió "la pata"?

¡NO SE MUE... PENA...

Estudie estas tres situaciones: ✔ *Estaba almorzando con su jefa ... le derramó una copa de vino sobre el vestido.* ✔ *En una importante charla de negocios que iba a ofrecer se le rompi... el proyector y usted no se sabía de memoria algunas cifras.* ✔ *En la primera cita con un amigo, descubre que tiene abierta la parte superior de la blusa.* ¿*Cree que ante situaciones así se ... que morir de verg... ¡Pues no!, actúe ...* ● *Enfrente su ... directa y ho... Sobre la ... vino, bast... "Perdón, ... distraída ... conver... pr... ●*

Tomado de "Adiós dolor de cabeza",
Buenhogar, *Año 22, Nº 9,*
21 de abril de 1987, página 11.

¡A PRACTICAR!

A ¿Tiene Ud. dedos para el piano? ¿Sabe Ud. los nombres de los dedos? Copie el nombre correspondiente en cada espacio del diagrama. Ud. ya sabe dos de ellos y los otros se pueden adivinar por eliminación.

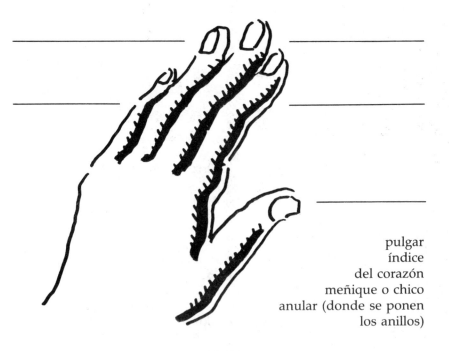

pulgar
índice
del corazón
meñique o chico
anular (donde se ponen
los anillos)

B Secretos de naturaleza. Pregúntele a un(a) compañero(a) qué otros secretos (que no sea tomar una aspirina) conoce él (ella) para quitar el dolor de cabeza.

    EJEMPLO: —¿Sabes algún secreto para quitar el dolor de cabeza?
        —Sí, claro. Te pones una bolsa de agua fría en la cabeza.
                      o
        —No, no tengo idea, pero si te duele el estómago es bueno tomar una infusión de menta *(mint tea)*.

C Más desvelado que un bebé. Pregúntele a dos compañeros(as) qué cosas los (las) desvelan. Después, déles consejos para cada uno de sus problemas.

    EJEMPLO: —¿Cuándo te desvelas?
        —Me desvelo cuando tomo muchos refrescos.
        —Debieras dejar de tomar refrescos por la tarde y la noche.

D **¿Ave nocturna o madrugador?** Pregúntele a un(a) compañero(a) si es ave nocturna o madrugador(a) *(early riser)* y por qué. Después, cambien papeles.

> EJEMPLO: —¿Qué eres tú, ave nocturna o madrugador(a)?
> —Soy madrugador(a) fino(a). Me levanto a las cinco y estudio por la mañana. Si estudio por la noche no aprendo nada.
> —¿De veras? Fíjate que yo soy . . .

E **Cuando suena el despertador.** La gente reacciona de manera muy diferente cuando suena el reloj despertador por la mañana. Pregúntele a cinco compañeros sus reacciones y después escriba un informe corto sobre sus respuestas.

Sugerencias: meter la cabeza (el despertador) debajo de la almohada; darse vuelta para el otro lado; darle un manotazo *(hard blow with your hand)* al despertador; ponerlo para 10 minutos más tarde; tirar el reloj contra la pared; encender la radio (televisión); encender la cafetera; meterse a la ducha . . .

> EJEMPLO: —¿A qué hora suena tu despertador? ¿Muy temprano?
> —Siempre lo pongo a las siete.
> —¡Ay, qué horror! ¿Y qué haces cuando suena?
> —Le doy un manotazo y lo apago.
> —Pero, ¿por qué?
> —Para dormir otra media hora.
> —¿Por qué no lo pones a las siete y media?
> —Porque tengo que levantarme a las siete . . .

F **Los efectos de la cafeína.** Pregúntele a un(a) compañero(a) qué efecto le hace la cafeína. Después, cambien papeles.

> EJEMPLO: —¿Qué efecto te hace la cafeína?
> —Me hace muy mal. Me desvela hasta las cuatro de la mañana.
>
> o
>
> —No me hace nada. Duermo como un ángel toda la noche.

G **¡Qué aburrido es hacer ejercicio!** Hay gente a la que no le gusta hacer ejercicio. Déles tres razones por las que es necesario hacer un poco de gimnasia o aerobismo todas las semanas.

> EJEMPLO: Debieras hacer ejercicio porque es bueno para . . .

H **Pesadillas.** Los malos sueños se llaman pesadillas. ¿Qué pesadillas tienen Uds.? Conversen en un grupo de tres personas y después escriban un párrafo para describir sus pesadillas más frecuentes.

EJEMPLO: —Siempre sueño que estoy en el campo y que viene un tren, pero no puedo correr porque mis piernas son de cemento.
—Eso no es nada. ¡Yo sueño que se me caen todos los dientes!

I **Un trasnoche histórico.** El sueño es una necesidad muy básica e importante y nunca olvidamos la noche en que no pudimos dormir porque algo pasó. Escriba un párrafo sobre una de esas trasnochadas históricas.

EJEMPLO: Una vez veníamos de Italia con mis padres y un motor del avión se descompuso. Entonces, tuvimos que volver a Londres y cambiar avión. En resumen, llegamos con casi seis horas de atraso a Nueva York. Pero eso no es nada, porque teníamos que reunirnos con un chico en el aeropuerto y no lo pudimos encontrar, porque se había ido. Cuando finalmente nos acostamos, me desplomé en la cama: no había dormido por más de veinticuatro horas.

GERARDO SE DURMIÓ, SU ÚLTIMO PENSAMIENTO FUE PARA LUCÍA; Y ESE ERA EL PRIMERO, CUANDO DESPERTABA. SU NOVIA LLENABA TODA SU EXISTENCIA.

Good writers always keep in mind that they are trying to communicate information that may be factual or fictitious, emotional or unemotional, highly personal or simply straightforward. Good readers become even better readers by thinking as they read. They try to "get inside" the writer's mind (and sometimes his or her soul) by using highly efficient reading strategies. Here are several suggestions to help you read the passage that follows and to help you become a more proficient—and confident—reader of Spanish.

READING WITH CONFIDENCE

1. Read through the passage once without stopping to look at the glosses or to look up words you don't know. Don't read one word at a time; rather, read to get the gist of the descriptions of the characters (don Aurelio, his son, and the mayor) and how they interact with each other. Put simply, think about who's who, and what's going on in the reading selection. Afterwards, write a summary of what you read in two or three English sentences.

2. Read the passage again, this time looking at the margin glosses and guessing the meaning of words you don't know. Use the context of what you do understand to help you comprehend what you don't. Add several lines to your summary.

3. Read the passage once again and look up words whose meanings you cannot guess from context. Use the glossary at the end of this book and, if necessary, a dictionary. Write the meanings of those words in the margin; writing above the lines in the passage would only make it hard to reread later. Mark difficult parts so that you can ask your instructor about them in class. Finally, add any essential information to your summary to make it complete, yet concise.

Ahora, lea Ud. el cuento y fíjese bien quiénes son los personajes principales y qué quieren.

Gabriel García Márquez (1928-   ) es sin duda uno de los más grandes escritores hispanos contemporáneos, si no el más grande. García Márquez ganó el Premio Nobel en 1982 por su extensa y extraordinaria producción literaria. Su obra más conocida es Cien años de soledad, *una monumental novela publicada en 1976 que relata la historia de los Buendía, importante familia de Macondo, un pueblo latinoamericano semirreal y semifantástico creado por García Márquez. En "Un día de estos", cuento publicado en 1962, García Márquez introduce dos de sus temas favoritos: la importancia del tiempo y los efectos de la dictadura en su país.*

UN DÍA DE ESTOS

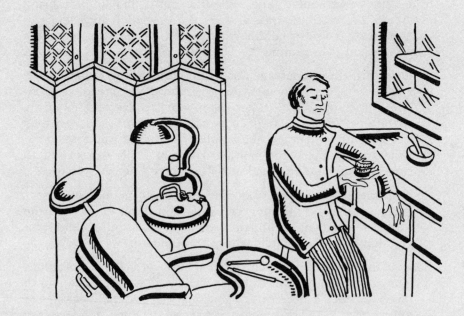

empezó el día con poco calor
clínica, consulta
glass case *dentures* *plaster*
varios

delgado
personas que no pueden oír
he pulled the drill
old desk chair

buzzards

no armoniosa
concentración

El lunes amaneció tibio° y sin lluvia. Don Aurelio Escovar, dentista sin título y buen madrugador, abrió su gabinete° a las seis.[1] Sacó de la vidriera° una dentadura postiza° montada aún en el molde de yeso° y puso sobre la mesa un puñado de° instrumentos que ordenó de mayor a menor, como en una exposición. Llevaba una camisa a rayas, sin cuello, cerrada arriba con un botón dorado, y los pantalones sostenidos con cargadores elásticos. Era rígido, enjuto,° con una mirada que raras veces correspondía a la situación, como la mirada de los sordos.°

Cuando tuvo las cosas dispuestas sobre la mesa rodó la fresa° hacia el sillón de resortes° y se sentó a pulir la dentadura postiza. Parecía no pensar en lo que hacía, pero trabajaba con obstinación, pedaleando en la fresa incluso cuando no se servía de ella.[2]

Después de las ocho hizo una pausa para mirar el cielo por la ventana y vio dos gallinazos° pensativos que se secaban al sol en el caballete de la casa vecina. Siguió trabajando con la idea de que antes del almuerzo volvería a llover. La voz destemplada° de su hijo de once años lo sacó de su abstracción.°

[1] Como hace mucho calor en la zona caribeña de Colombia, la gente se levanta muy temprano a trabajar.
[2] No hay electricidad en el pueblo, así es que el dentista tiene que pedalear para poder usar la fresa.

—Papá.

—Qué.

—Dice el alcalde° que si le sacas una muela.°   *mayor   diente posterior*

—Dile que no estoy aquí.

Estaba puliendo un diente de oro. Lo retiró a la distancia del brazo y lo examinó con los ojos a medio cerrar. En la salita de espera volvió a gritar su hijo.

—Dice que sí estás porque te está oyendo.

El dentista siguió examinando el diente. Sólo cuando lo puso en la mesa con los trabajos terminados, dijo:

—Mejor.°   *all the better*

Volvió a operar la fresa. De una cajita de cartón donde guardaba las cosas por hacer, sacó un puente° de varias piezas° y empezó a pulir el oro.   *(dental) bridge   dientes*

—Papá.

—Qué.

Aún no había cambiado de expresión.

—Dice que si no le sacas la muela te pega un tiro.°   *he'll shoot you*

Sin apresurarse, con un movimiento extremadamente tranquilo, dejó de pedalear en la fresa, la retiró del sillón y abrió por completo la gaveta inferior° de la mesa. Allí estaba su revólver.   *bottom drawer*

—Bueno—dijo—. Dile que venga a pegármelo.

Hizo girar° el sillón hasta quedar de frente a la puerta, la mano apoyada en el borde de la gaveta. El alcalde apareció en el umbral.° Se había afeitado la mejilla izquierda, pero en la otra, hinchada° y dolorida, tenía una barba de cinco días. El dentista vio en sus ojos marchitos° muchas noches de desesperación. Cerró la gaveta con la punta de los dedos y dijo suavemente.   *he rolled   threshold   swollen   cansados*

—Siéntese.

—Buenos días—dijo el alcalde.

—Buenos—dijo el dentista.

Mientras hervían los instrumentos el alcalde apoyó el cráneo° en el cabezal de la silla y se sintió mejor. Respiraba un olor glacial.³ Era un gabinete pobre: una vieja silla de madera, la fresa de pedal, y una vidriera con pomos de loza.° Frente a la silla, una ventana con un cancel de tela° hasta la altura de un hombre. Cuando sintió que el dentista se acercaba, el alcalde afirmó los talones° y abrió la boca.   *cabeza   porcelain flasks   fabric screen   braced his heels*

Don Aurelio Escovar le movió la cara hacia la luz. Después de observar la muela dañada, ajustó la mandíbula con una cautelosa° presión de los dedos.   *ligera*

—Tiene que ser sin anestesia—dijo.

—¿Por qué?

—Porque tiene un absceso.⁴

El alcalde lo miró en los ojos.

³ Tenía tanto miedo que su respiración era fría en ese ambiente tibio.
⁴ Because of the infection, the dentist is afraid to give an injection of Novocain.

—Está bien—dijo, y trató de sonreír. El dentista no le correspondió. Llevó a la mesa de trabajo la cacerola con los instrumentos hervidos y los sacó del agua con unas pinzas° frías, todavía sin apresurarse. Después rodó la escupidera° con la punta del zapato y fue a lavarse las manos en el aguamanil.° Hizo todo sin mirar al alcalde. Pero el alcalde no lo perdió de vista.°

Era una cordal inferior.° El dentista abrió las piernas y apretó la muela con el gatillo° caliente. El alcalde se aferró° a las barras de la silla, descargó toda su fuerza en los pies y sintió un vacío helado en los riñones[5], pero no soltó un suspiro.° El dentista sólo movió la muñeca. Sin rencor, más bien con una amarga° ternura, dijo:

—Aquí nos paga veinte muertos, teniente.[6]

El alcalde sintió un crujido° de huesos en la mandíbula y sus ojos se llenaron de lágrimas. Pero no suspiró hasta que no sintió salir la muela. Entonces la vio a través de las lágrimas. Le pareció tan extraña a su dolor, que no pudo entender la tortura de sus cinco noches anteriores. Inclinado° sobre la escupidera, sudoroso, jadeante,° se desabotonó° la guerrera y buscó a tientas° el pañuelo en el bolsillo del pantalón. El dentista le dio un trapo° limpio.

—Séquese las lágrimas—dijo.

El alcalde lo hizo. Estaba temblando. Mientras el dentista se lavaba las manos, vio el cielorraso desfondado° y una telaraña polvorienta° con huevos de araña e insectos muertos. El dentista regresó secándose las manos. "Acuéstese—dijo—y haga buches° de agua de sal." El alcalde se puso de pie, se despidió con un displicente° saludo militar, y se dirigió a la puerta estirando las piernas, sin abotonarse la guerrera.

—Me pasa° la cuenta—dijo.

—¿A usted o al municipio?°

El alcalde no lo miró. Cerró la puerta, y dijo, a través de la red° metálica.

—Es la misma vaina.°

Tomado de Los funerales de la Mamá Grande *por Gabriel García Márquez, Editorial sudamericana S.A., Buenos Aires, 1973, páginas 21-26.*

Glossary (margin notes):
- tongs — pinzas
- spittoon — escupidera
- lavabo — aguamanil
- didn't lose sight of him — no lo perdió de vista
- lower wisdom tooth — cordal inferior
- dental forceps / grasped — gatillo / se aferró
- no exhaló aire — no soltó un suspiro
- bitter — amarga
- cracking — crujido
- leaning — Inclinado
- sweating, panting / se abrió — sudoroso, jadeante / se desabotonó
- groped for — buscó a tientas
- rag — trapo
- crumbled ceiling / dusty spider web — cielorraso desfondado / telaraña polvorienta
- gargle — buches
- casual — displicente
- will you send — Me pasa
- municipality — municipio
- screen — red
- la misma cosa — la misma vaina

[5] He had a sinking feeling in the pit of his stomach. (For Spanish speakers, sometimes the kidneys or the liver, rather than the stomach or the heart, symbolize the center of the body.)

[6] "Now you are paying for twenty of our men who died, lieutenant." (The mayor was also the military commander in the city and, as such, he was probably responsible for the persecution and death of his opponents. This situation is typical of dictatorships.)

1. **¿Por qué?** Esta información no aparece en el cuento pero se puede inferir.
   a. ¿Por qué, si el dentista no tiene título, vino el alcalde a su gabinete? ¿Por qué si la clínica es tan pobre no fue a una clínica del gobierno?
   b. ¿Por qué si hay telarañas en el cielorraso, se lava las manos con cuidado el dentista?
   c. ¿Por qué tiene una calma tan grande el dentista?
   d. ¿Por qué no mató el alcalde al dentista?
   e. ¿Por qué le recuerda don Aurelio a los veinte muertos en un momento de dolor?

2. **¿Qué?**
   a. ¿Qué poder tiene el dentista? ¿Y el alcalde?
   b. ¿Qué tipo de alcalde y de político cree Ud. que es el alcalde?
   c. ¿Qué tipo de hombre y de político cree Ud. que es el dentista?

3. **Quisiera saber . . .**
   a. ¿A qué hora llegó el alcalde?
   b. ¿Dónde vive el dentista? Describa el ambiente.

4. **En su opinión . . .**
   a. Describa la personalidad del dentista y del alcalde.
   b. ¿Cómo es la relación entre ellos?
   c. ¿Quién debería ser el alcalde del pueblo: Don Aurelio o el "teniente"? Explique por qué.

NADA HUMANO TE ES AJENO.

Si crees en los Derechos Humanos.
Si crees en los ideales de paz, libertad y justicia social. Si crees que esos ideales no se le pueden arrebatar al hombre en ninguna circunstancia y en ningún lugar, lucha por ellos.
Porque nada humano te debe ser ajeno.

D.
Dirección
(Solicita información a:
ASOCIACION PRO DERECHOS HUMANOS.
José Ortega y Gasset, 77. Madrid-6).
(Declarada de Utilidad Pública)

Hay muchas personas (como el dentista de este cuento) que viven bajo la opresión de la dictadura. ¿Quiere ayudarlas a luchar por sus derechos?

¡A PRACTICAR!

Cuando se tiene poder ilimitado, ¡se pierde la perspectiva de las cosas!

A La política y el poder.   La política es una actividad como cualquiera otra. El problema es que la gente tiene poder sobre la comunidad, lo que no existe en otras actividades. Contesten estas preguntas en grupos de tres personas.

1. Piensen en el alcalde, que es político de un pueblo chico. ¿Qué tipo de político es? ¿Conocen a otro como él?

2. ¿Qué tipo de poder tiene el alcalde que no tiene Don Aurelio?

3. ¿Tienen Uds. interés en la política o no? ¿Por qué?

4. En general, ¿qué piensan Uds. de los políticos de los Estados Unidos?

5. ¿Qué político les gusta? ¿Por qué?

B **¿Les tiene confianza?** Indique cuánta confianza tiene Ud. en las siguientes personas usando números de la escala que está más abajo. Después, compare sus opiniones con las de otra persona.

poca confianza .... mucha confianza

1	2	3	4	5

1. los políticos en general
2. mi profesor(a) de español
3. el presidente de los EE.UU.
4. los vendedores de autos
5. mi compañero(a) de cuarto
6. mi consejero(a) académico(a)
7. los agentes de seguros
8. mi mamá (papá)
9. mi hermano(a)
10. yo mismo(a)

C **A mí también me pasó.** Describa su última experiencia en el sillón del dentista y compárela con la del alcalde del cuento.

EJEMPLO: Hace unos meses, tuve que ir al (a la) dentista porque . . . La clínica era . . . y había . . . El (la) enfermero(a) no era muy simpático(a) y . . . El (la) dentista sacó unas . . . y entonces me . . . Nunca podré olvidar el miedo que tenía. Respiraba un aire glacial.

D **Contrastes.** En este interesante cuento hay muchos contrastes. Con un(a) compañero(a), den un ejemplo de cada categoría.

EJEMPLO: lo noble y lo bajo
El dentista le dice que se seque las lágrimas; el alcalde le dice que da lo mismo a quién le mande la cuenta.

1. lo cómico y lo serio
2. lo impecable y lo sucio
3. lo bueno y lo malo
4. lo presente y lo pasado
5. lo predecible y lo impredecible
6. lo tranquilo y lo tenso
7. lo verdadero y lo falso
8. lo perdido y lo ganado

E **¡Le podría pasar a Ud.!** Con otras dos personas, escriban y actúen una conversación para solucionar el siguiente problema: Ud. está en el extranjero y tiene un horrible dolor de muelas. El (la) dentista quiere sacarle la muela porque tiene un absceso, pero Ud. y el (la) director(a) del programa prefieren que el (la) dentista le haga un tratamiento de canal.

F **El tiempo se hace cargo de todo.** Pareciera que lo único que hizo el dentista en su vida fue sentarse a esperar que viniera el alcalde a su gabinete. Escriba Ud. una narración en que usa el mismo tema, pero cambie los personajes y las circunstancias. La idea es que "todo se paga en esta vida".

VOCABULARIO

Sustantivos

abstracción concentration
aguamanil sink
alcalde mayor
buches gargle
cancel de tela fabric screen
cielorraso ceiling
cordal inferior lower wisdom
  tooth
cráneo skull
crujido cracking
dentadura postiza dentures, false
  teeth
escupidera spittoon
fresa dental drill
gabinete office
gallinazo buzzard
gatillo dental forceps
gaveta inferior bottom drawer
horarios schedule
infusión de menta mint tea
madrugador(a) early riser
manotazo hard blow with the
  hand
muela molar
municipio municipality
piezas teeth
pinzas tongs
pomo de loza porcelain jar
presión alta high blood pressure
puente (dental) bridge
puñado fistful
red screen

sillón de resortes old desk chair
sordo deaf person
telaraña spider web
trapo rag
umbral doorway
vidriera glass case

Adjetivos

cauteloso careful
desfondado crumbled
destemplado loud, shrill
displicente casual
encinta pregnant
enjuto thin
hinchado swollen
jadeante panting
marchito tired
polvoriento dusty
soñoliento sleepy
sudoroso sweaty

Verbos

actuar to act out
aferrarse to grasp
cumplir to maintain
desabotonarse to unbutton
desplomarse to collapse
desvelar to keep one up
estirarse to stretch
inclinar to lean
pasar to spend (time)
rodar to pull, to roll

Expresiones idiomáticas

afirmar los talones to brace one's heels
amanecer tibio to begin the day with a little heat
ave nocturna night person, "night owl"
buscar a tientas to grope for
con los gallos very early
de una vez por todas once and for all
hacer girar to roll
mejor all the better
la misma vaina the same thing
no soltar ni un suspiro to hold one's breath
pegarle un tiro a uno to shoot someone
perder de vista to lose sight (of)
ponerse al día to make up the time

Vacaciones

en

grande

9

SCANNING FOR SPECIFIC INFORMATION

Travel advertisements usually contain a wealth of information—written to attract tourists (and their pocketbooks). It is important, however, to read the fine print in these ads to be sure that you understand any restrictions and conditions. As you read the ads below, pay careful attention to details and note information that potential tourists should heed.

Para conseguir el mejor paquete de vacaciones posible, lea los siguientes avisos con cuidado.

1

AIR FRANCE

Europa para Quinceañeras
Sólo hay una y es de Paola Tours

Escoja entre circuito terrestre de 31 días (julio 8) o circuito aéreo de 26 días (julio 13)

VISITANDO: París, Versalles y Lourdes; Madrid y la Ciudad Real de Toledo; Barcelona y Pisa; Roma, Tivoli, Asís y Florencia; Venecia y Viena; Zurich, Lucerna y MT. Pilatos; Heidelberg, Río Rhin y Colonia, en Alemania; Amsterdam, Bruselas; Gante y Brujas; Londres y Windsor.

Con todos los alimentos incluidos y festejos especiales desde antes de la salida. En la Cd. de México, en París, Madrid, Roma, Venecia, Viena, Lucerna y Londres. Además, excursiones. Le ofrecemos el mejor recorrido, calidad y precio.

Crucero

En la fabulosa naviera Premier de Lujo, salida especial: 8 días $ 1000 US. P.P. cabina triple. Salida de verano: julio 8 y agosto 5. 10 días; $ 990 US. P.P. en cabina cuádruple.

Av. Universidad 535 "D"
Col. Narvarte
03020 México, D.F.
Telex: 1760240/Patome

559●5322 559●1110
575●1428 575●2886

2

Indicaciones relativas al conductor:

Apellido 1

Nombres 2

Lugar de nacimiento 3

Fecha del nacimiento 4

Domicilio 5

Clase de vehículos para los cuales es válido el permiso:	
Motocicletas con o sin sidecar, coches de inválidos y vehículos automotores de tres ruedas cuya tara no exceda de 400 kg (900 libras).	A
Vehículos automotores dedicados al transporte de personas que tengan, además del asiento del conductor, un máximo de ocho asientos; o usados para el transporte de mercaderías, que tengan un peso máximo autorizado no mayor de 3.500 kg. (7.700 libras). Puede engancharse a los vehículos automotores de esta clase un remolque ligero.	B
Vehículos automotores usados para el transporte de mercaderías, cuyo peso máximo autorizado exceda de 3.500 kg. (7.700 libras). Puede engancharse a los vehículos automotores de esta clase un remolque ligero.	C
Vehículos automotores dedicados al transporte de personas y que tengan, además del asiento del conductor, más de ocho asientos. Puede engancharse a los vehículos automotores de esta clase un remolque ligero.	D
Vehículos automotores de las clases B, C o D, para las cuales está habilitado el conductor con remolques que no sean ligeros.	E

La expresión "peso máximo autorizado" de un vehículo significa el peso del vehículo y de la carga máxima cuando aquel está en orden de marcha. La expresión "carga máxima" significa el peso de la carga declarado permisible por la autoridad competente del país donde está matriculado el vehículo. Son "remolques ligeros" aquellos cuyo peso máximo autorizado no pasa de 750 kg. (1.650 libras).

Exclusiones
(países)
I-...

EXCLUSION

El titular pierde el derecho de conducir en el territorio de (país)............................

....

a causa de..................................

Sello o timbre de la autoridad

Lugar...................................
Fecha...................................
Firma

Inscribir la exclusión en otro espacio previsto para este efecto, si el espacio reservado arriba está ya utilizado.

3

PAQUETE
TODO INCLUIDO
MANZANILLO
EN
VACACIONES

VIGENCIA:

1·V·87 a 30·XI·87

Club **MAEVA**
Manzanillo

Hotel & Resort

TARIFAS
INDIVIDUALES

PRECIO POR PERSONA DIARIO EN
BASE A OCUPACION SENCILLA

$ 62.800.00

PRECIO POR PERSONA DIARIO EN
BASE A OCUPACION DOBLE

$ 52,500.00

PRECIO POR PERSONA DIARIO EN
BASE A OCUPACION TRIPLE

$ 47,500.00

PRECIO POR PERSONA DIARIO EN
BASE A OCUPACION CUADRUPLE

$ 46,500.00

LOS NIÑOS DE 1 A 10 AÑOS (MAXIMO 2)
PODRAN COMPARTIR HABITACION EN
BASE A OCUPACION TRIPLE O
CUADRUPLE PAGARAN DIARIO
SOLAMENTE

$ 10,500.00

INCLUYE:

• Habitación con aire acondicionado, calefacción y terraza con una increíble vista

• Cóctel de bienvenida (bebidas nacionales)

• Desayuno, comida y cena (servicio tipo buffet)

• Y a sus cenas de viernes y sábados se les ofrece 2 grandes espectáculos, NOCHE HAWAIANA Y NOCHE MEXICANA

¿Comprendió bien?

Anuncio N° 1

Complete las frases según el aviso que leyó.

1. Este viaje ha sido especialmente preparado para . . .
2. El viaje por avión es más corto porque dura . . .
3. El viaje que se hace por autobús empieza . . .
4. Ciudad de México se puede también escribir así: . . .
5. También ofrecen un viaje por mar porque dice: . . .
6. Para conseguir más información se puede llamar a . . .
7. Me sorprende que haya viajes para esta gente. En Estados Unidos estos viajes generalmente son para . . .

Anuncio N° 2

Conteste las preguntas.

8. ¿Qué tipo de documento es éste?
9. Si Ud. va a conducir un automóvil común, ¿qué letra debe marcar?
10. ¿Cuándo debe llevar este documento con Ud.?
11. Llene el documento con sus datos personales.

Anuncio N° 3

Complete estas oraciones.

12. Los precios están rebajados desde el _____ hasta el _____ del año 1987.
13. Por supuesto, el precio más bajo se consigue cuando hay _____ personas en una habitación.
14. Algunas comodidades (*amenities*) que ofrece el hotel son: . . .

A   ¡A México los pasajes!   De todas las cosas que le ofrece el paquete de Manzanillo, ¿cuáles son las tres cosas que más le interesan a Ud. y por qué?

B   Para registrarse en el hotel.   ¿Sabe Ud. registrarse en un hotel español? Con un(a) compañero(a), llene el siguiente formulario de registro para extranjeros. Ud. es el (la) viajero(a) y la otra persona es el (la) empleado(a) del hotel que le hace preguntas para llenar la parte inferior del formulario. Después, el(la) cliente llena la parte superior.

- Bebidas nacionales durante su estancia (refrescos y cervezas)
- Entrada diaria a nuestra fabulosa discoteque "FANTASY"
- Entrada libre a nuestros ESPECTACULARES SUPER TOBOGANES Y KAMIKASES "SPLASH". Los más grandes de toda Latinoamérica.
- Actividades deportivas y recreativas con nuestro equipo de "ANFITRIONES AMIGOS"
- Clases de aerobics, gimnasia acuática, natación y baile
- Entrada a las canchas de tenis (sujeto a espacio)
- Una entrada al cine gratis por persona
- Para los niños entrada gratis a nuestro "MINI-CLUB" que ofrece toda una gama de diversiones y actividades educativas supervisadas por personas especializadas, en el área se encuentran un fuerte de caballería, aldea india, tren nevería, chapoteadero y una gran pista de patinaje
- Entradas a nuestros espectáculos diarios En nuestro teatro al aire libre
- Propinas a camaristas y maleteros
- Propinas a meseros
- I.V.A. en todos los servicios y alimentos incluidos.

CONDICIONES GENERALES:

- Se requerirá el pago total de este paquete antes de su llegada a CLUB MAEVA.
- Los servicios o alimentos que no esten incluidos en este paquete correrán por cuenta del cliente.

A

ENTRADA DE EXTRANJEROS   № 072495

APELLIDOS { 1.º ....   NOMBRE ....
           { 2.º ....

FECHA DE NACIMIENTO ....

NACIONALIDAD ACTUAL ....

LUGAR DE NACIMIENTO ....

PASAPORTE N.º ....   EXP. EN ....   EL ....

....   DE ....   DE 19 ....

ESTABLECIMIENTO ....   **Firma,**

DOMICILIO ....

- -

APELLIDOS { 1.º ....   NOMBRE }
          { 2.º ....

DOMICILIO ....

....   de ....   de19 ....

M. 1.020-E   El encargado,

№ 072495

DIRECCION GENERAL DE SEGURIDAD

Donativo Montepío C. G. Policía: **Tres pesetas.**

B

C Sorpresa en el camino.   Imagínese que Ud. está en el extranjero y que tiene un coche alquilado. Entonces, un(a) policía (representado/a por una persona de la clase) lo (la) detiene por no respetar una luz roja. Sea muy persuasivo(a) para que el (la) policía no le quite su carnet de conducir.

El (La) policía	Usted
1. Salude a la persona que no respetó la luz roja.	1. Salude al (a la) policía con mucha cortesía.
2. Pídale los documentos: carnet de conducir y pasaporte.	2. Déle lo que el (la) policía le pide, y dígale algo amable. Sea simpático(a).
3. Hágale algunas preguntas sobre su nacionalidad, el coche alquilado, etc.	3. Conteste todas las preguntas con mucha cortesía.
4. Exprese sus ideas sobre cómo se debe respetar las leyes del tránsito.	4. Dígale algo al (a la) policía para persuadirlo(la) de que no le ponga una multa (*fine*).
5. Reaccione a lo que le dijo.	5. Trate de terminar la conversación, pero sea muy diplomático(a).
6. Termine la conversación.	6. Despídase con cortesía.

D No tengo quince años, pero . . .   Con un(a) compañero(a), escriba un anuncio de un viaje ideal para gente de su edad y con sus intereses. Pónganle título a su anuncio y háganlo interesante y atractivo para los futuros "clientes" de su agencia de viajes.

EJEMPLO: Cincinnati para enamorados
Escoja entre circuito terrestre o circuito por el río, visitando . . .

Content mapping is another reading strategy that focuses on the ideas of a reading selection, rather than on the words in it. You can use this strategy to concentrate on the content of a passage and to remember what you have read. Content mapping consists of two basic steps: 1) identifying the key events, steps, or concepts in the reading passage; 2) creating or drawing a map representing how these key concepts fit together.

Here are some specific guidelines for creating your personal content map.

1. As you read *Los viajeros* which follows, jot down the key events and/or concepts in the reading. A key event or concept is a short phrase that expresses an essential occurrence, event, or step in the passage. Write these phrases in your own words. For example,

   eventos: viajes cortos, viajes al interior, viajes a . . .
   conceptos: pareja rica, gusto de viajar, lugares exóticos, muchos recuerdos

As you read the story, add to the lists of concepts and/or events.

2. Using words and phrases, arrange the key concepts/events in a logical **graphic design** *(esquema)*. Use geometric shapes (circles, rectangles, triangles, etc.) and other symbols (arrows, equal signs, broken lines, and so on) to show how the concepts/events relate to one another in your *esquema*. For example, you might enclose similar concepts in similar shapes, and use arrows to illustrate a progression of events or ideas. Be creative!

3. Use the list of key concepts as a guide to comprehension, but don't be limited by it. You may delete items that don't fit into your scheme and add words of your own choosing. Here is an example of one possible graphic outline.

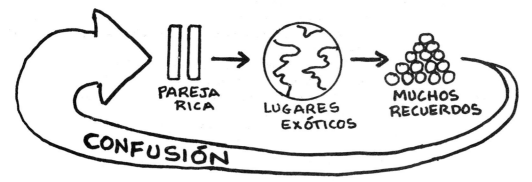

Lea este cuento de Denevi y haga un esquema gráfico de los eventos e/o ideas.

LOS VIAJEROS

Marco Denevi, escritor argentino que nació en 1922, es famoso por su novela
Rosaura a las diez. *Este autor tiene una fibra irónica y satírica muy caracte-*
rística. Además de sus novelas, sus obras teatrales y sus fábulas son también
famosas.

El matrimonio Ponzevoy, gente encantadora, tiene la manía de viajar.
No les falta dinero y pueden darse este lujo.° Empezaron hace muchos
años, cuando aún eran jóvenes. Entonces hacían excursiones en automóvil
por los alrededores de la ciudad. Visitaban pueblecitos, los balnearios de
la costa del río. Volvían cargados de caracoles,° de frutas, de pescados,
en tales cantidades que la mayor parte de las frutas iban a la basura.

Después hicieron viajes al interior del país. Utilizaban el servicio de
omnibuses y ya no llevaban simples bolsones° sino maletines de fibra.
Había que oírlos a la vuelta: hablaban entusiastamente de iglesias, de
cementerios, de museos. Abrían los maletines y aparecían frascos de
dulce, hongos, mate,° ponchos, tarjetas postales. Los amontonaban en un
rincón y ya no les prestaban atención alguna porque preferían hacernos
el relato de sus aventuras. A través de sus palabras uno adivinaba que
no habían permanecido más de uno o dos días en cada ciudad y que ese
tiempo lo habían dedicado a las visitas a los museos, a las iglesias y a
los cementerios y a comprar lo que ellos llamaban *souvenirs.*

Más tarde recorrieron el continente, cada año un país distinto. Via-
jaban en ferrocarril, cargados de valijas° de cuero. Ya tenían un aparato
fotográfico y al regresar nos mostraban tantas fotografías que era imposible verlas todas. También nos mostraban los *souvenirs.* Pero jamás,
lo anoto entre paréntesis, nos trajeron un modesto regalito. Creo que fue
por esa época cuando comenzaron las disputas sobre fechas y lugares. El
señor Ponzevoy decía, por ejemplo:

—¿Te acuerdas, en Isla Verde, de aquellas ruinas?

—No era Isla Verde—le respondía su mujer—sino Puerto Esmeralda.

Discutían durante una hora seguida. Yo, harto de presenciar° esas
escenas, una vez les pregunté:

—¿Por qué no llevan un diario de viaje?

Me contestaron de mal modo:

—Qué disparate. No hay tiempo, mientras se viaja, de escribir.

Si alguien les preguntaba:

—¿Y la gente? ¿Cómo es la gente allí? ¿Es hermosa, es fea? ¿Es
amable? ¿Qué piensa? ¿Cómo vive?

Glosses (left margin):
- luxury — *lujo*
- snails — *caracoles*
- carry-on bags — *bolsones*
- el té verde de la pampa — *mate*
- maletas — *valijas*
- cansado de estar allí durante — *harto de presenciar*

Ponían cara de fastidio:°

—La gente es la misma en todas partes—y añadían, sonriendo:

—En cambio, qué edificación. Trescientas cincuenta y cuatro iglesias, cinco museos, un cementerio de veinte hectáreas.

Aclaro que, al cabo de varios viajes, la casa de los Ponzevoy estaba tan atestada de objetos de toda clase que tuvieron que deshacerse de° los muebles.

El matrimonio fue a Europa en avión. Ya no cargaban valijas sino baúles° de madera. Regresaron con montañas de *souvenirs,* a tal punto que se mudaron a una casa más grande, pues ahora los *souvenirs* incluían relojes, cuadros, alfombras, espejos, tapices, estatuas de tamaño natural, un trozo de columna del Partenón, cráteras,° mosaicos robados de la Villa de Adriano de Tívoli y los inevitables ceniceros.° En cuanto a las fotografías, que eran cientos, nadie las vio. La señora Ponzevoy dijo:

—Más adelante.

Y las guardó dentro de las cráteras.

Los viajes se sucedieron uno tras otro y por esa causa el matrimonio no pudo tener hijos ni asistir al entierro° de sus parientes. Iban a Europa,

molestia

vender

trunks

vasijas antiguas para mezclar el vino y el agua
ashtrays

funeral

Aquí van los viajeros a buscar montañas de recuerdos.

al Asia y al África. Permanecían en Buenos Aires apenas una semana, de la cual tres días los consagraban a desembalar° los *souvenirs* y el resto a hacer los preparativos para la próxima expedición a lugares cada vez más lejanos, más exóticos: Ubanqui, Nagar Ave, María Galante. Disponían no sólo de varios aparatos fotográficos sino también de cámaras filmadoras, pero jamás proyectaron las películas. No había tiempo, en una semana, de ver la proyección de miles de metros de celuloide, ni una pared libre donde desplegar la pantalla.° Las discusiones sobre fechas y lugares eran sumamente violentas.

Además mezclaban los idiomas.

—*I think*—decían—que *quello cimitero*° estaba en *les environs*° del *Gemeinderat.*°

Cuando nos veían, no nos reconocían.

—¿Quién es usted?—preguntaban. ¿Dónde lo vi? ¿En Tarcoola Goldfield o en Axixá?

Sé que tienen el estómago estragado° por las comidas devoradas a toda prisa en los hoteles y en los aeropuertos. La señora Ponzevoy sufre de flebitis° y el señor Ponzevoy de callos plantales° de tanto caminar por los museos, por las iglesias y cementerios. Los bruscos cambios de clima les han afectado los pulmones. Como están siempre de paso no se cambian de ropa y la llevan sucia y arrugada.° Entretanto en su casa ya no cabe un alfiler.° Los rollos de celuloide se entretejen como trenzas° y no hay forma de desenredarlos.° Las fotos cubren el piso, la mayoría rotas. Hay por todas partes baúles sin abrir, colmados° de recuerdos de viaje.

Últimamente el matrimonio Ponzevoy padece de graves confusiones. Cuando llegan a Buenos Aires de vuelta de Big Stone City o de Mukauuar, preguntan:

—¿Cuál es el nombre de *cette ville*?° Es muy hermosa. ¿Dónde están sus iglesias, sus *museums*, sus *cimiteri*?

Toman fotografías, hacen funcionar las cámaras filmadoras. Es necesario guiarlos hasta su casa. Al entrar gritan:

—¡*Wonderful . . . !* ¡Cuántos *souvenirs!* ¡Los compramos!

Han olvidado quiénes son. El otro día los vi.

—Señora Ponzevoy, señor Ponzevoy.

La mujer frunció el entrecejo° y miró al marido.

—¿Ponzevoy?

—¿Ya no te *souviens pas?*° Una isla del Caribe.

—*You are wrong*, como siempre. Una aldea° de Kurdistán.

—Estuvimos allí en 1958. ¿*Ja?*°

—*Mio caro,*° en 1965.

Los dejé discutiendo agriamente.°

Tomado de **Parque de diversiones**
por Marcos Denevi, Emecé Editores,
S.A., Buenos Aires, 1970,
páginas 73-77.

Glosses (margin):

- unpack
- unfold the screen
- ese cementerio · los alrededores
- city council
- destruído
- enfermedad de las venas · corns on the balls of his feet
- no hay lugar para nada · wrinkled · are tangled up like braids · untangle them · llenos
- esta ciudad
- arrugó la cara
- no te acuerdas
- pueblo pequeño
- sí
- querido
- amargamente

Use su esquema para hacer los siguientes ejercicios de comprensión.

¿Comprendió bien?

A. Complete la siguiente tabla de los viajes de los señores Ponzevoy. Indique qué medio de transporte usaban, a qué lugares iban, qué cosas o recuerdos traían, y qué llevaban para traer las cosas. Después, compare su tabla con la de un(a) compañero(a).

¿En qué iban?	¿Adónde iban?	¿Qué traían?	¿Qué equipaje llevaban?
1. *en auto*	*a los alrededores*	*fruta, caracoles*	*bolsones*
2.			
3.			
4.			

B. Haga una lista de los problemas de salud de los Ponzevoy.

C. Haga una lista de los problemas con la familia y con los amigos que tuvieron los Ponzevoy.

D. Complete estas frases con la alternativa más acertada. Si Ud. marca "No estoy seguro(a)", vuelva a leer y/o consulte con un(a) compañero(a).

1. Los Ponzevoy nunca mostraban las fotos porque . . .
   a. eran demasiadas.
   b. eran de mala calidad.
   c. no tenían interés en las fotos.
   d. no tenían tiempo de verlas.
   e. Todas las alternativas son acertadas.

2. El matrimonio viajó tanto que Denevi piensa que . . .
   a. conocían la mayor parte de los países del mundo.
   b. perdieron su identidad porque no tenían memoria.
   c. no sabían ni los nombres de los lugares ni las fechas.
   d. aprendieron muchos idiomas y conocieron a mucha gente.
   e. No estoy seguro(a).

3. La pareja se habría salvado si hubieran . . .
   a. visto sus fotos y sus películas.
   b. desenredado sus películas.
   c. conversado sobre sus viajes.
   d. escrito un diario de viaje.
   e. Todas las alternativas son acertadas.

4. Las fotos y las películas enredadas como trenzas son un símbolo de . . .
   a. la memoria no compartida de los Ponzevoy.
   b. los rápidos viajes que hicieron los Ponzevoy.
   c. los adelantos tecnológicos a través de los años.
   d. las cosas que vieron por todo el mundo.
   e. No estoy seguro(a).

5. Lo malo de los Ponzevoy fue que por viajar de esa manera . . .
   a. no conocieron el mundo.
   b. no se conocieron a sí mismos.
   c. no pudieron gozar de la vida.
   d. no formaron una familia.
   e. Todas las alternativas son acertadas.

6. El cuadro final que pinta Denevi es el de . . .
   a. dos turistas muy cansados y confundidos.
   b. dos personas que discuten todo el día.
   c. dos monstruos sin memoria, sucios y sin familia.
   d. dos señores viejos que necesitan ayuda.
   e. No estoy seguro(a).

7. En verdad, este cuento no es una crítica a los turistas sino una crítica . . .
   a. al materialismo y al amor a las cosas por las cosas.
   b. a la gente que no se da tiempo para pensar en la vida.
   c. a los que andan "de paso" y no se responsabilizan por nada.
   d. a los que no cultivan amistades ni tienen conciencia colectiva.
   e. Todas las alternativas son acertadas.

8. En este cuento hemos aprendido que en la cultura argentina se le da un valor muy grande . . .
   a. al tiempo dedicado a los amigos y a la familia.
   b. al sentimiento de sentirse argentinos.
   c. al pasado compartido.
   d. al desarrollo de una filosofía de la vida.
   e. Todas las alternativas son acertadas.

A **Asociaciones.** Busque la palabra o frase que no es parte de cada uno de los siguientes grupos. Después, diga por qué no forma parte del grupo.

EJEMPLO: África   Asia   Argentina   Europa   Sudamérica
Argentina no es un continente, sino un país.

1. caracoles   maletines   pescados   hongos
2. frascos   bolsas   bolsones   baúles   valijas
3. ómnibus   metro   automóvil   cementerio   avión
4. la mayor parte   por todas partes   la mayoría   casi todos
5. pantalla   película   proyección   madera   filmadora
6. Europa   otros países   los alrededores   todo el continente

B **Expresiones idiomáticas.** Busque el significado de las siguientes expresiones idiomáticas que aparecen en el cuento. Luego, use cada una en una oración sobre el tema de "viajar".

1. al cabo de
2. a través de
3. de paso
4. de vuelta
5. en cambio
6. en cuanto a

C **Recuerdos ponzevocianos.** Haga una lista de seis recuerdos que los Ponzevoy compraron en sus viajes. Luego, dígale a un(a) compañero(a) cuáles de estos recuerdos compraría Ud. (+) y cuáles no compraría (−), y por qué.

D **De viaje.** Hable con un(a) compañero(a) de clase.

1. Para ti, ¿cuál es la diferencia entre un turista y un viajero?
2. Cuando viajas, ¿viajas como turista, como viajero(a) o como un Ponzevoy? ¿Por qué?
3. Cuéntame algo de tu último viaje. ¿Adónde fuiste? ¿Con quién fuiste? ¿Qué hiciste (hicieron Uds.) allí? ¿Qué compraste?
4. ¿Qué lugar te gustaría visitar algún día y por qué?
5. Si tuvieras mucho dinero y tiempo libre, ¿adónde irías y por qué?

E **¿Basura o no?** Cuando nos mudamos de una casa a otra parece ser la ocasión ideal para deshacerse de unas pocas cosas. Pregúntele a un(a) compañero(a) qué cosas guarda y qué cosas tira a la basura cuando se muda de habitación, casa o apartamento. Después, cambien papeles.

> EJEMPLO: —¿Qué tiras a la basura cuando te mudas de casa?
> —Casi todo, porque no me gusta guardar nada.
>   o
> —Muy pocas cosas, porque . . .

F   **No seamos Ponzevoy.**   En vez de guardar las fotos sin mostrarlas, traiga sus fotos y diapositivas a clase y muéstreselas a sus compañeros. Explíqueles de qué viaje son, qué cosas hizo Ud. en ese viaje y quiénes son las otras personas que aparecen en las fotos. (Las diapositivas se pueden mostrar a toda la clase; las fotos, a un grupo de conversación.)

G   **Baúl de los recuerdos.**   Escriba un párrafo sobre las cosas que Ud. guarda como recuerdo en su "baúl de los recuerdos". Explique por qué guarda cada una de estas cosas.

> EJEMPLO: Mi baúl de los recuerdos no es muy grande porque sólo tengo algunas cosas allí. Tengo un álbum de . . . y las fotos de . . . Además, guardo con mucho cuidado mis . . . A veces, cuando vienen mis amigos(as) a casa, abro mi baúl y . . .

H   **Dos verdaderos viajeros.**   Escriba un cuento sobre una pareja que es exactamente lo contrario de los Ponzevoy. Describa sus viajes y sus regresos a casa en detalle, usando algunas ideas del cuento de Denevi.

All cultures use symbols to represent concepts as well as abstract ideas. What do these symbols mean in American culture?

Poets use many symbols; these symbols often represent complex ideas that are difficult to express in words. Although the symbols themselves may be concrete, their relationship to one another can be thought-provoking. As you read the three poems that follow, make a sketch of the concrete symbols as they relate to one another (literal interpretation). Then write a summary in English (or Spanish, if possible) about what you feel the poet is expressing and the symbols he is using (figurative interpretation). This strategy is a variation of content mapping.

EJEMPLO: símbolo: verde = la vida, la esperanza

El poema que hemos selecionado habla de un viaje muy especial. Léalo Ud. ahora.

INTERPRETING SYMBOLS IN POETRY

Federico García Lorca (1898-1936), poeta español, es uno de los poetas hispanos más conocidos mundialmente. Su poesía combina lo popular con lo artístico, lo intelectual con lo intuitivo y lo tradicional con lo moderno. García Lorca crea así una poesía que es a la vez profundamente española y universal. Además de poeta, Lorca fue un gran dramaturgo (playwright) y, tanto en su poesía como en su obra teatral, el tema central es el amor violento y apasionado que lleva a la muerte. Entre sus obras teatrales más famosas figuran Bodas de sangre, Yerma *y* La casa de Bernarda Alba.

CANCIÓN DEL JINETE°

rider

Córdoba.
Lejana y sola.

caballo pequeño   Jaca° negra, luna grande,
bolsa   y aceitunas en mi alforja.°
5 Aunque sepa los caminos
yo nunca llegaré a Córdoba.

la pampa   Por el llano,° por el viento,
jaca negra, luna roja.
La muerte me está mirando
10 desde las torres de Córdoba.

¡Ay qué camino tan largo!
valiente   ¡Ay mi jaca valerosa!°
¡Ay que la muerte me espera,
antes de llegar a Córdoba!

15 Córdoba.
Lejana y sola.

Tomado de Obras completas *por Federico García Lorca, Ediciones Aguilar, S.A., Madrid, 1966, páginas 376-377.*

¿Comprendió bien?

1. ¿Qué representa Córdoba para el poeta?
2. ¿Por qué Córdoba le parece tan lejana?
3. ¿Qué representan la jaca y la luna?
4. El poeta dice: "¡Ay qué camino tan largo!" ¿Qué cree Ud. que simboliza el camino para él?
5. ¿Qué significan las torres de Córdoba, según su opinión?
6. ¿Qué simbolizan el color negro y el color rojo?

SALVADOR DALÍ
Drawing, 1924
Wadsworth Atheneum
Hartford, CT
Gift of Mr. and Mrs. Alfred Jaretzki, Jr.

XXIII

El poema que sigue es de Antonio Machado (1875-1939), popular poeta español nacido en Sevilla. Su poesía es muy popular porque sus temas son muy universales: el amor, la naturaleza y las tierras de España, la muerte, Dios y la religión, y el tiempo. Sus obras más conocidas son Soledades, galerías y otros poemas, Campos de Castilla *y* Nuevas canciones. *Este poema es de la colección* Proverbios y cantares *y no tiene título; es un poema muy popular.*

viajero marcas

Caminante,° son tus huellas°
el camino, y nada más;
caminante, no hay camino,
se hace camino al andar.
5 Al andar se hace camino,
y al volver la vista atrás
el camino
to tread again
se ve la senda° que nunca
se ha de volver a pisar.°

Caminante, no hay camino,
wakes (of a ship)
10 sino estelas° en la mar.

Tomado de Poesías completas *por Antonio Machado, Selecciones Austral, Madrid, 1980, página 223.*

1. Compare el símbolo del camino en los poemas de Machado y Lorca. ¿Qué cree Ud. que significa el camino para cada uno de ellos?

2. Compare el jinete del poema de Lorca con el caminante del poema de Machado. ¿Qué buscan ellos? ¿Adónde van? ¿Qué simbolizan?

3. ¿Por qué dice el poeta que el camino se hace al andar?

¿Comprendió bien?

EL VIAJE DEFINITIVO

Este último poema sobre viajes espirituales es de Juan Ramón Jiménez, otro escritor español, famoso por la riqueza de sentimientos que expresa en sus poemas y en su prosa poética. Su obra más importante es un libro de prosa poética titulado Platero y yo. *En 1958, poco antes de morir, recibió el premio Nobel de Literatura.*

. . . Y yo me iré. Y se quedarán los pájaros cantando;

orchard   Y se quedará mi huerto,° con su verde árbol,
well   y con su pozo° blanco.

Todas las tardes, el cielo será azul y plácido;

5   y tocarán, como esta tarde están tocando,
bell tower   las campanas del campanario.°

Se morirán aquéllos que me amaron;
y el pueblo se hará nuevo cada año;

whitewashed   y en el rincón aquel de mi huerto florido y encalado,°
will wander   10   mi espíritu errará° nostálgico . . .

Y yo me iré; y estaré solo, sin hogar, sin árbol
verde, sin pozo blanco,
sin cielo azul y plácido . . .
Y se quedarán los pájaros cantando.

Tomado de Antología poética *por Juan Ramon Jiménez, Editorial Losada S.A., Buenos Aires, 1966, páginas 106-107.*

1. ¿Qué significa realmente el título del poema?
2. ¿Por qué dice el poeta que el cielo será azul y plácido siempre?
3. ¿Qué simbolizan los pájaros, el huerto y el pozo para el poeta? ¿Con qué contrastan estas cosas?
4. Al final del poema, dice Jiménez que los pájaros se quedarán cantando. ¿Qué quiere decir el poeta?

¡A PRACTICAR!

A Palabras hermosas. En los poemas, las palabras tienen especial importancia, no sólo porque expresan algo, sino que también porque deben mantener el ritmo y la música del poema. Mire los poemas que ha leído en este libro y seleccione aquellas palabras que le parezcan más poéticas, más melodiosas o hermosas de alguna manera.

EJEMPLO: Me gustan las palabras "pozo," "estelas," "Córdoba," "Ronda," "doncella,". . .

B Según mi parecer. Ahora diga qué significan estas palabras para Ud. y escriba una línea sobre cada una de ellas.

EJEMPLO: Para mí, Córdoba significa lo imposible.
Tengo miedo que nunca llegaré a Córdoba.

VOCABULARIO

Sustantivos

aldea small town
alforja saddlebag
baúl trunk
bolsón carry-on bag
callo plantal corn on the ball of the foot
caminante wanderer
campanario bell tower
caracol snail
cenicero ashtray
comodidad amenity
crátera container for mixing wine and water
dramaturgo playwright
entierro funeral
esquema graphic outline
estela wake (of a ship)
fastidio bother
flebitis phlebitis
huella track
huerto orchard
jaca nag
jinete rider
lujo luxury
llano plain
mate green tea from the Argentine plains
multa fine

pantalla screen
pozo well
senda path
trenza braid
valija suitcase

Adjetivos

arrugado wrinkled
colmado full
encalado whitewashed
estragado destroyed
valeroso brave

Verbos

desembalar to unpack
desenredar to untangle
desplegar to unfold
entretejerse to get tangled
errar to wander
pisar to tread

Adverbios

agriamente bitterly

Expresiones idiomáticas

darse el lujo de to afford the luxury of
deshacerse de to get rid of
fruncir el entrecejo to frown
harto de presenciar sick of witnessing
se ha de you are to
volver a to (do something) again
volver la vista atrás to look back
ya no cabe un alfiler there is no room for anything

Palabras extranjeras

cette ville *(francés)* this city
Gemeinderat *(alemán)* city council
ja *(alemán)* yes
les environs *(francés)* surroundings
mio caro *(italiano)* my dear
quello cimitero *(italiano)* that cemetery
souviens pas *(francés)* don't remember

¡Estás en tu casa!

10

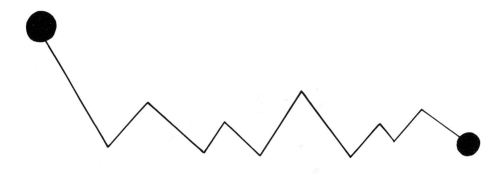

INTEGRATING YOUR READING STRATEGIES

You have learned to use a variety of strategies to help you become a more proficient reader of Spanish. You have acquired a considerable amount of experience in reading different kinds of materials (ads, forms, articles, short stories, poems) written for native speakers of Spanish. Although you may not be able to understand everything you read in Spanish—which is natural for most readers—you have undoubtedly developed more confidence in your ability to get the most out of a reading by using different reading strategies. In this final chapter you will have an opportunity to further integrate your strategies.

Prereading: to establish a purpose for reading

1. Look at the **illustrations** (if any) and read their captions. This visual context will help you guess at the probable topic of the reading.
2. Read the **title.** Think about how the title and the illustrations set the scene for what you are about to read. Ask yourself: What is the purpose of this reading? Why did the author write it?
3. Think about what you already know about the topic. The more **topic background** you bring to the reading, the easier it will be to understand its content—even if you don't understand many of the words, phrases, and grammatical structures in it.

First reading: to identify the main ideas

1. **Scan** the reading using the context of the sentences to guess the meanings of words and structures you don't know. Simply try to get the gist of what you are reading. Your goal here is to read the entire passage quickly.
2. Look for the most important **ideas** that the author wants to communicate to you, the reader. Sometimes, the first main idea appears in the first sentence of the reading, and the last main idea appears in the last sentence. As you read, underline key ideas.
3. Use cognates, word stems, prefixes, and suffixes to guess meaning of unfamiliar words. Don't stop to look up unknown words in a dictionary. Take a chance and guess!

Second reading: to locate more specific information

1. Skim the passage again, this time looking for details that support the main ideas you found. As you read, look for answers to these questions: who, what, where, when, why, and how?
2. Circle words, phrases, and key concepts that clearly contribute to the ideas the author wants to express.
3. Think about how the passage is organized: how one idea leads to the next idea and how they relate to one another.

Third reading: to check for total comprehension

1. Reread the passage once again, this time trying to understand it as fully as possible.
2. Write a brief summary in English of what the passage is about.
3. Reconsider two initial questions: What is the purpose of this passage? Why did the author write it?

Antes de leer, ubique en un mapa los siguientes lugares mencionados en el cuento "Cajas de cartón".

1. Jalisco (estado mexicano cuya capital es . . .)
2. Fresno (ciudad californiana ubicada cerca de . . .)
3. Santa Rosa (otra ciudad californiana ubicada al norte de . . .)
4. Santa María (ciudad californiana ubicada al norte de . . .)

Lectura

CAJAS DE CARTÓN

Francisco Jiménez (1943-   ) viene de una familia de braceros migrantes, trabajadores del campo que van de una región a otra trabajando en la recolección de frutas, uvas o verduras. Jiménez estudió literatura y recibió un grado académico de doctor en la Universidad de Columbia y ahora es profesor de español en la Universidad de Santa Clara de California. "Cajas de cartón", publicado en 1977, parece ser un cuento autobiográfico, porque en él Jiménez describe el mundo de los braceros usando a un niño de once años como narrador. En el cuento se puede ver cómo la familia tiene que mudarse de un lugar a otro en busca de trabajo en los campos y cómo, a pesar de eso, mantienen sentimientos y valores tan puros. Parece que en todas partes hay gente que vive la necesidad de adaptarse a un nuevo mundo por diferentes razones.

PRIMERA PARTE

Era a fines de agosto. Ito, el contratista,° ya no sonreía. Era natural. La cosecha° de fresas terminaba, y los trabajadores, casi todos braceros, no recogían° tantas cajas de fresas como en los meses de junio y julio.

Cada día el número de braceros disminuía.° El domingo sólo uno— el mejor pizcador°—vino a trabajar. A mí me caía bien.° A veces hablábamos durante nuestra media hora de almuerzo. Así es como aprendí que era de Jalisco, de mi tierra natal.° Ese domingo fue la última vez que lo vi.

Cuando el sol se escondió detrás de las montañas, Ito nos señaló° que era hora de ir a casa. "Ya hes horra",° gritó en su español mocho.° Ésas eran las palabras que yo ansiosamente esperaba doce horas al día, todos los días, siete días a la semana, semana tras semana, y el pensar que no las volvería a oír me entristeció.

Por el camino rumbo a casa, Papá no dijo una palabra. Con las dos manos en el volante° miraba fijamente hacia el camino. Roberto, mi hermano mayor, también estaba callado. Echó para atrás la cabeza y cerró los ojos. El polvo° que entraba de fuera lo hacía toser repetidamente.

Era a fines de agosto. Al abrir la puerta de nuestra chocita° me detuve.° Vi que todo lo que nos pertenecía° estaba empacado en cajas de cartón. De repente sentí aún más el peso de las horas, las semanas, los meses de trabajo. Me senté sobre una caja, y se me llenaron los ojos de lágrimas al pensar que teníamos que mudarnos° a Fresno.

Esa noche no pude dormir, y un poco antes de las cinco de la madrugada,° Papá, que a la cuenta° tampoco había pegado los ojos° en toda la noche, nos levantó. A pocos minutos los gritos alegres de mis hermanitos, para quienes la mudanza era una gran aventura, rompieron el silencio del amanecer.° El ladrido° de los perros pronto los acompañó.

Glosas:
- foreman — contratista
- harvest — cosecha
- estaban cosechando
- bajaba
- cosechador (bracero) — a mí me gustaba
- donde nací
- indicó
- ya es hora (de irse a casa) — broken
- steering wheel
- dust
- casita pobre
- I stopped — teníamos
- irnos
- muy temprano por la mañana — por la misma razón — dormido
- dawn — barking

Las cajas de cartón
también pueden ser
una escalera que
sube al cielo.

Mientras empacábamos los trastes° del desayuno, Papá salió para
encender la "Carcanchita".* Ese era el nombre que Papá le puso a su
viejo *Plymouth* negro del año 38. Lo compró en una agencia de carros
usados en Santa Rosa en el invierno de 1949. Papá estaba muy orgulloso
de su carro. "Mi Carcanchita" lo llamaba cariñosamente. Tenía derecho
a sentirse así. Antes de comprarlo, pasó mucho tiempo mirando otros
carros. Cuando al fin escogió° la "Carcanchita", la examinó palmo a
palmo.° Escuchó el motor, inclinando la cabeza de lado a lado como un
perico,° tratando de detectar cualquier ruido que pudiera indicar problemas mecánicos. Después de satisfacerse con la apariencia y los sonidos°
del carro, Papá insistió en saber quién había sido el dueño. Nunca lo
supo, pero compró el carro de todas maneras. Papá pensó que el dueño
debió haber sido alguien importante porque en el asiento de atrás encontró una corbata azul.

Papá estacionó el carro enfrente a la choza° y dejó andando el motor.
"Listo", gritó. Sin decir palabra, Roberto y yo comenzamos a acarrear° las

platos, utensilios, cubiertos

seleccionó
parte por parte
parakeet
sounds

casa muy pobre
llevar

* En México y en Centroamérica, la gente llama "carcachita" a los automóviles viejos.
En otras partes, los llaman "cacharros".

¡Estás en tu casa! **187**

Lectura

mattress techo
secured it with ropes
large cooking pot

dents and scratches

abrí y mantuve abierta
tomándola *handles spill*
stretched out

transpiración, *sweat*

nos íbamos *lump*
I turned

foreman
scratching

fence

rows of rose bushes doorbell
entrance robusto

caminó rápidamente
emocionada

worn out destruídas termitas
casi no
cubría

piso
thin sheets of tin

cajas de cartón al carro. Roberto cargó las dos más grandes y yo las más chicas. Papá luego cargó el colchón° ancho sobre la capota° del carro y lo amarró con lazos° para que no se volara con el viento en el camino.

Todo estaba empacado menos la olla° de Mamá. Era una olla vieja y galvanizada que había comprado en una tienda de segunda en Santa María el año en que yo nací. La olla estaba llena de abolladuras y mellas,° y mientras más abollada estaba, más le gustaba a Mamá. "Mi olla" la llamaba orgullosamente.

Sujeté abierta° la puerta de la chocita mientras Mamá sacó cuidadosamente su olla, agarrándola° por las dos asas° para no derramar° los frijoles cocidos. Cuando llegó al carro, Papá tendió° las manos para ayudarle con ella. Roberto abrió la puerta posterior del carro y Papá puso la olla con mucho cuidado en el piso detrás del asiento. Todos subimos a la "Carcanchita". Papá suspiró, se limpió el sudor° de la frente con las mangas de la camisa, y dijo con cansancio: "Es todo."

Mientras nos alejábamos,° se me hizo un nudo° en la garganta. Me volví° y miré nuestra chocita por última vez.

Al ponerse el sol llegamos a un campo de trabajo cerca de Fresno. Ya que Papá no hablaba inglés, Mamá le preguntó al capataz° si necesitaba más trabajadores. "No necesitamos a nadie", dijo él, rascándose° la cabeza, "pregúntele a Sullivan. Mire, siga este mismo camino hasta que llegue a una casa grande y blanca con una cerca° alrededor. Allá vive él."

Cuando llegamos allí, Mamá se dirigió a la casa. Pasó por la cerca, por entre filas de rosales° hasta llegar a la puerta. Tocó el timbre.° Las luces del portal° se encendieron y un hombre alto y fornido° salió. Hablaron brevemente. Cuando el hombre entró en la casa, Mamá se apresuró° hacia el carro. "¡Tenemos trabajo! El señor nos permitió quedarnos allí toda la temporada", dijo un poco sofocada° de gusto y apuntando hacia un garaje viejo que estaba cerca de los establos.

El garaje estaba gastado° por los años. Roídas° por comejenes,° las paredes apenas° sostenían el techo agujereado. No tenía ventanas y el piso de tierra suelta ensabanaba° todo de polvo.

Esa noche, a la luz de una lámpara de petróleo, desempacamos las cosas y empezamos a preparar la habitación para vivir. Roberto, enérgicamente se puso a barrer el suelo;° Papá llenó los agujeros de las paredes con periódicos viejos y con hojas de lata.° Mamá les dio de comer a mis hermanitos. Papá y Roberto entonces trajeron el colchón y lo pusieron en una de las esquinas del garaje. "Viejita", dijo Papá, dirigiéndose a Mamá, "tú y los niños duerman en el colchón; Roberto, Panchito, y yo dormiremos bajo los árboles."

Tomado de "Cajas de cartón" por Francisco Jiménez, Bilingual Review, *Nº IV, enero-agosto, 1977, páginas 119-122.*

Querido Papá,
Por la alegría que das,
por ser generoso y bueno,
por esa forma tan especial
de guiarnos,
por darnos
tanta felicidad y amor...
recibe hoy
en el Día del Padre,
¡Mil Felicidades!

Imagínese que Ud. tiene que ayudarle a Panchito a escribirle una tarjeta a su papá. ¿Qué escribiría Ud.?

1. El cuento tiene lugar en . . .
   a. México.
   b. Estados Unidos.
   c. Centro América.
   d. otra parte.

2. El narrador del cuento nació en . . .
   a. California.
   b. México.
   c. otra parte.

3. ¿Cuánto duró el viaje?

4. ¿A qué hora cocinó los frijoles la madre? ¿Por qué piensa que debe llevar frijoles en un viaje?

5. ¿Quién diría lo siguiente en el cuento?
   "Ay, ¡cómo me encanta esta olla vieja!"
   "Ay, mi Carcanchita. ¡Te adoro!"
   "Ay, ¡qué pena que nos vamos a otra parte! Me gusta la choza."
   "Ay, ¡qué bueno que nos vamos de viaje! ¡Qué entretenido!"
   "¡Ya hes horra de nosotros irr a casa! Nosotros irr ahorra."
   "Cada vez que veo las cajas de cartón me da mucha pena."

6. ¿Cuántas cajas cree Ud. que tiene la familia? ¿Y cuántos colchones?

7. ¿Qué simboliza una corbata azul para el papá?

8. ¿Por qué dice Papá con mayúscula?

9. En pocas palabras, describa a la familia del narrador y la vida que llevan.

10. El título del cuento, "Cajas de cartón", podría tener dos sentidos, uno literal y el otro simbólico. ¿Cuál es el sentido literal? ¿Cuál es el significado simbólico del título?

11. Este niño simboliza a toda la gente del mundo que tiene que cambiar sus percepciones y sus sentimientos para vivir en distintas partes. ¿Qué tiene este niño que la gente "estable" no tiene? Por el contrario, ¿qué cosas que tiene la gente estable le faltan a este niño?

¡A PRACTICAR!

A Lógicamente. Escoja las palabras o frases que completen más adecuadamente cada oración según el contexto.

1. Después de mirar la chocita por última vez, mi hermano y yo nos dimos un _____ y un _____ de manos.
   a. abrazo / apretón   c. bracero / rumbo
   b. rabillo / regalo   d. ladrido / pegado

2. La familia de Panchito, que era muy pobre, vivía en una _____ lejos de su _____ .
   a. estampa / filas de rosales   c. mudanza / volante
   b. Carcanchita / amanecer   d. chocita / tierra natal

3. Aunque mi familia y yo vivimos ahora en un garaje _____ y comido por los comejenes, por lo menos hay mucho _____ entre nosotros.
   a. cansado / apretón   c. abollado / techo
   b. gastado / cariño   d. polvo / suelo

4. Al ver su querida olla tan vieja en el rincón de la cocina, la senora _____ y luego comenzó a _____ .
   a. se sonrió / quitarse los guantes sin decir nada
   b. se entristeció / llorar con grandes lágrimas de pena
   c. se desvaneció / emprender un viaje bastante largo
   d. se detuvo / esconderse debajo de una mesa de madera

B   **Olla de mis amores.**   Hay gente que tiene autos viejos, ollas, libros u otras cosas que adoran. Pregúntele a un(a) compañero(a) qué objeto atesora él (ella) y qué significado tiene para él (ella).

    EJEMPLO: —¿Qué cosa tienes que tenga un significado especial para ti?
               —Para mí, la cosa más querida es mi silla La-Z-Boy® porque . . .
               —¿Dónde la compraste?
               —En una tienda de segunda mano; estaba muy sucia y gastada, pero yo la limpié y dejé como nueva.

C   **Proyectos escritos y orales.**   Prepare un informe oral o escrito sobre uno de los siguientes temas.

1. los braceros legales e ilegales en Estados Unidos o Canadá

2. la situación de los inmigrantes hispanos en los Estados Unidos

3. una comunidad hispana (por ejemplo, la de Toronto, "East Los" en Los Angeles, "Spanish Harlem" en Nueva York o "Little Havana" en Miami)

4. un(a) estudiante norteamericano(a) o canadiense que vivió en un país hispano

D   **A continuación . . .**   La segunda parte de "Cajas de cartón" comienza así: "Muy tempranito por la mañana al día siguiente, . . .". Escriba un párrafo para terminar el cuento a su manera. Luego, lea la segunda parte del cuento.

CAJAS DE CARTÓN

SEGUNDA PARTE

Muy tempranito por la mañana al día siguiente, el señor Sullivan nos enseñó dónde estaba su cosecha y, después del desayuno, Papá, Roberto y yo nos fuimos a la viña a pizcar.

A eso de las nueve, la temperatura había subido hasta cerca de cien grados. Yo estaba empapado° de sudor y mi boca estaba tan seca que parecía como si hubiera estado masticando un pañuelo.° Fui al final del surco, cogí la jarra de agua que habíamos llevado y comencé a beber. "No tomes mucho; te vas a enfermar", me gritó Roberto. No había acabado de advertirme° cuando sentí un gran dolor de estómago. Me caí de rodillas y la jarra se me deslizó° de las manos.

Solamente podía oír el zumbido° de los insectos. Poco a poco me empecé a recuperar. Me eché agua en la cara y en el cuello y miré el lodo negro correr por los brazos y caer a la tierra que parecía hervir.

Todavía me sentía mareado° a la hora del almuerzo. Eran las dos de la tarde y nos sentamos bajo un árbol grande de nueces° que estaba al lado del camino. Papá apuntó el número de cajas que habíamos pizcado. Roberto trazaba diseños en la tierra con un palito. De pronto vi palidecer a Papá que miraba hacia el camino. "Allá viene el camión° de la escuela",* susurró alarmado. Instintivamente, Roberto y yo corrimos a escondernos° entre las viñas.° El camión amarillo se paró frente a la casa

Glosses (left margin):
- húmedo, mojado
- comiendo tela
- recién me había dicho
- se me cayó
- ruido
- *dizzy*
- *walnuts*
- autobús
- *to hide*   *grapevines*

---

* Ya es septiembre pero los niños no van a la escuela porque tienen que trabajar con su padre.

del señor Sullivan. Dos niños muy limpiecitos y bien vestidos se apearon.°
Llevaban libros bajo sus brazos. Cruzaron la calle y el camión se alejó.
Roberto y yo salimos de nuestro escondite y regresamos a donde estaba
Papá. "Tienen que tener cuidado", nos advirtió.

Después del almuerzo volvimos a trabajar. El calor oliente y pesado,°
el zumbido de los insectos, el sudor y el polvo hicieron que la tarde
pareciera una eternidad. Al fin las montañas que rodeaban el valle se
tragaron° el sol. Una hora después estaba demasiado obscuro para seguir
trabajando. Las parras° tapaban las uvas y era muy difícil ver los racimos.°
"Vámonos", dijo Papá señalándonos que era hora de irnos. Entonces tomó
un lápiz y comenzó a figurar cuánto habíamos ganado ese primer día.
Apuntó números, borró algunos, escribió más. Alzó° la cabeza sin decir
nada. Sus tristes ojos sumidos estaban humedecidos.°

Cuando regresamos del trabajo, nos bañamos afuera con el agua
fría bajo una manguera. Luego nos sentamos a la mesa hecha de cajones
de madera y comimos con hambre la sopa de fideos, las papas y tortillas
de harina blanca recién hechas. Después de cenar nos acostamos a dormir,
listos para empezar a trabajar a la salida del sol.

Al día siguiente, cuando me desperté, me sentía magullado;° me
dolía todo el cuerpo. Apenas podía mover los brazos y las piernas. Todas
las mañanas cuando me levantaba me pasaba lo mismo hasta que mis
músculos se acostumbraron a ese trabajo.

Era lunes, la primera semana de noviembre. La temporada de uvas
se había terminado y ya podía ir a la escuela. Me desperté temprano esa
mañana y me quedé acostado mirando las estrellas y saboreando el
pensamiento de no ir a trabajar y de empezar el sexto grado por primera
vez ese año. Como no podía dormir, decidí levantarme y desayunar con
Papá y Roberto. Me senté cabizbajo° frente a mi hermano. No quería
mirarlo porque sabía que él estaba triste. Él no asistiría a la escuela hoy,
ni mañana, ni la próxima semana. No iría hasta que se acabara la
temporada de algodón, y eso sería en febrero. Me froté las manos y miré
la piel seca y manchada de ácido enrollarse y caer al suelo.

Cuando Papá y Roberto se fueron a trabajar, sentí un gran alivio.
Fui a la cima° de una pendiente cerca de la choza y contemplé a la
"Carcanchita" en su camino hasta que desapareció en una nube de polvo.

Dos horas más tarde, a eso de las ocho, esperaba el camión de la
escuela. Por fin llegó. Subí y me senté en un asiento desocupado. Todos
los niños se entretenían hablando o gritando.

Estaba nerviosísimo cuando el camión se paró delante de la escuela.
Miré por la ventana y vi una muchedumbre de niños. Algunos llevaban
libros, otros juguetes. Me bajé del camión, metí las manos en los bolsillos,
y fui a la oficina del director. Cuando entré oí la voz de una mujer
diciéndome: "May I help you?" Me sobresalté. Nadie me había hablado
inglés desde hacía meses. Por varios segundos me quedé sin poder contestar. Al fin, después de mucho esfuerzo, conseguí decirle en inglés que
me quería matricular en el sexto grado. La señora entonces me hizo una

se bajaron

de mal olor (*odor*) y tan grande

se comieron
grapevines   bunches of grapes

levantó
húmedos, con lágrimas

adolorido

con la cabeza baja

parte alta

serie de preguntas que me parecieron impertinentes. Luego me llevó a la sala de clase.

El señor Lema, el maestro de sexto grado, me saludó cordialmente, me asignó un pupitre,° y me presentó a la clase. Estaba tan nervioso y tan asustado en ese momento cuando todos me miraban que deseé estar con Papá y Roberto pizcando algodón. Después de pasar la lista, el señor Lema le dio a la clase la asignatura° de la primera hora. "Lo primero que haremos esta mañana es terminar de leer el cuento que comenzamos ayer", dijo con entusiasmo. Se acercó a mí, me dio su libro y me pidió que leyera. "Estamos en la página 125", me dijo. Cuando lo oí, sentí que toda la sangre me subía a la cabeza; me sentí mareado. "¿Quisieras leer?", me preguntó en un tono indeciso. Abrí el libro a la página 125. Mi boca estaba seca. Los ojos se me comenzaron a aguar.° El señor Lema entonces le pidió a otro niño que leyera.

Durante el resto de la hora me empecé a enojar más y más conmigo mismo. Debí haber leído, pensaba yo.

Durante el recreo° me llevé el libro al baño y lo abrí a la página 125. Empecé a leer en voz baja, pretendiendo que estaba en clase. Había muchas palabras que no sabía. Cerré el libro y volví a la sala de clase.

El señor Lema estaba sentado en su escritorio. Cuando entré me miró sonriéndose. Me sentí mucho mejor. Me acerqué a él y le pregunté si me podía ayudar con las palabras desconocidas. "Con mucho gusto", me contestó.

El resto del mes pasé mis horas de almuerzo estudiando ese inglés con la ayuda del buen señor Lema.

Un viernes durante la hora del almuerzo, el señor Lema me invitó a que lo acompañara a la sala de música. "¿Te gusta la música?", me preguntó. "Sí, muchísimo", le contesté entusiasmado, "me gustan los corridos mexicanos."° Él cogió una trompeta, la tocó un poco y luego me la entregó. El sonido me hizo estremecer.° Me encantaba ese sonido. "¿Te gustaría aprender a tocar este instrumento?", me preguntó. Debió haber comprendido la expresión en mi cara porque antes que yo le respondiera, añadió: "Te voy a enseñar a tocar esta trompeta durante las horas de almuerzo."

Ese día casi no podía esperar el momento de llegar a casa y contarles las nuevas° a mi familia. Al bajar del camión me encontré con mis hermanitos que gritaban y brincaban° de alegría. Pensé que era porque yo había llegado, pero al abrir la puerta de la chocita, vi que todo estaba empacado en cajas de cartón . . .

Tomado de "Cajas de cartón" por
Francisco Jiménez, Bilingual Review,
Nº IV, enero-agosto de 1977,
páginas 119-122.

---

mesa, asiento de escolar *(pupitre)*

tarea *(asignatura)*

a llenarse de lágrimas *(aguar)*

período de descanso *(recreo)*

baladas mexicanas *(corridos mexicanos)*
temblar *(estremecer)*

las noticias, las cosas nuevas *(las nuevas)*
saltaban *(brincaban)*

Conteste las siguientes preguntas sobre la segunda parte del cuento.

1. La jornada de trabajo del padre y de los dos niños es "de sol a sol". Diga más exactamente desde qué hora hasta qué hora trabajaron y a qué hora tomaron un descanso.
2. Explique por qué se enfermó Panchito.
3. Los tres pasaron un gran susto *(scare)*. ¿Por qué?
4. Aparte de la comida, ¿qué otro momento agradable tuvieron padre e hijos durante el día?
5. ¿De cuándo a cuándo es la cosecha de algodón?
6. ¿Dónde cree Ud. que Panchito fue a la escuela, ¿en el área del señor Sullivan o en otra parte? ¿Por qué?
7. Dé tres razones por qué los primeros días en la escuela fueron tan difíciles para Panchito.
8. Dé dos razones por qué Panchito no ha hablado inglés en tanto tiempo, a pesar de que vive en los Estados Unidos.
9. ¿El señor Lema habla inglés o no? ¿Por qué?
10. ¿Qué instrumento le gustó a Panchito? Según lo que dice la lectura del capítulo 5 (página 92), ¿cree Ud. que Panchito tenga una personalidad "trompeta"?

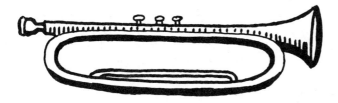

¡A PRACTICAR!

A "May I help you?" Haga una lista de las 5 o 6 preguntas que es posible que la secretaria de la escuela le haya hecho a Panchito cuando fue a clases por primera vez. Con ellas, preparen la ficha o dossier personal de Panchito.
Sugerencias: nombre, edad, dirección, padres, hermanos, escuela donde estudió antes . . .

B La vida de Panchito. Escriba un resumen del cuento de Panchito y agregue sus propias reacciones o modificaciones a la historia. Después, intercambie su resumen con un(a) compañero(a) y vean qué cosas tienen en común y qué cosas son diferentes. Finalmente, díganle al resto de la clase sus reacciones.

C ¿Quién entiende a la gente? Explique por qué, por un lado, algunos niños detestan asistir a la escuela y por qué, por otro lado, la escuela es un lugar encantado para otros niños como Panchito.

D El señor Lema. ¿Conoce Ud. a alguna persona que sea como el señor Lema? ¿Qué le enseñó o explicó esa persona? Escriba un párrafo sobre él (ella).

> EJEMPLO: Yo conocí a un "Señor Lema" que me ayudó a . . . Él tenía mucha paciencia y siempre me explicaba todo con mucho cuidado; por ejemplo, . . . Después, nosotros nos fuimos a otra ciudad y . . .

E Cajas de cartón. ¿Hay "cajas de cartón" en su vida también? Describa en un párrafo alguna experiencia frustrante que haya tenido en su vida. En otro párrafo, describa cómo lo (la) afectó la experiencia, positiva o negativamente.

F ¿Qué será de ellos ahora? ¿Cree Ud. que Panchito sea feliz ahora que es adulto o no? Explique por qué. Diga qué habrá pasado con las otras personas de la familia también.

> EJEMPLO: Me parece que Panchito es ahora un hombre de negocios con mucho dinero porque aprendió a trabajar desde muy pequeño. Yo creo que el padre y la madre volvieron a México y que vienen todos los años para la Navidad a ver a sus hijos. Me parece que la vida fue mucho más fácil para los hermanitos porque . . .

Ahora, lea Ud. sobre otro tipo de lucha y de nostalgia. El que sigue es un poema de José Martí, poeta cubano del siglo pasado.

versos sencillos

José Martí (1853-1895) dedicó su vida y su obra a conseguir la independencia de Cuba de España y murió en el campo de batalla en 1895. Martí vivió muchos años en los Estados Unidos y se hizo famoso por sus discursos (speeches), poemas y ensayos.

Su poesía y su prosa se caracterizan por su lirismo. Sus principales temas son los pobres y los oprimidos, la libertad, la justicia, y la independencia de Cuba. Exiliado de su tierra por tantos años, algunas de sus obras más conocidas son Flores del destierro *y* Versos sencillos. *El siguiente poema es uno de los más famosos porque es la letra (words) de la canción "Guantanamera".*

Yo soy un hombre sincero
de donde crece la palma;
y antes de morirme quiero
echar° mis versos del alma.   sacar

5 Mi verso es de un verde claro,
y de un carmín encendido°   rojo muy brillante
mi verso es un ciervo herido°   *wounded deer*
que busca en el monte amparo.°   protección

Con los pobres de la tierra,
10 quiero yo mi suerte echar;°   compartir mi
el arroyo de la sierra   destino
me complace más que el mar.

"Versos sencillos" por José Martí,
Antología de José Martí, *Ediciones*
Oasis S.A., México 1968,
páginas 122-124.

¿Comprendió bien?

1. Conteste las siguientes preguntas sobre este poema.
   a. ¿A qué tierra se refiere Martí con "la tierra donde crece la palma"?
   b. ¿Por qué escribe poesía Martí?
   c. Para Ud., ¿qué simbolizan los colores en la segunda estrofa *(stanza)*?
   d. ¿Por qué piensa Martí que sus versos son un animal herido?
   e. ¿A quién le dedica sus versos Martí?
   f. ¿Cree Ud. que Martí es un poeta romántico o moderno?

2. Analice el poema desde dos puntos de vista: pensando en el significado literal del poema y en su significado figurado. La siguiente tabla le puede ayudar a organizar sus ideas estrofa por estrofa. Escriba sus respuestas en español.

	significado literal	significado figurado
estrofa 1		
estrofa 2		
estrofa 3		

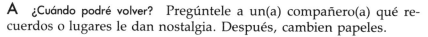

¡A PRACTICAR!

A ¿Cuándo podré volver? Pregúntele a un(a) compañero(a) qué recuerdos o lugares le dan nostalgia. Después, cambien papeles.

EJEMPLO: —¿Qué cosas te dan nostalgia?
—La casa grande de mi tía cuando yo era pequeño.
—¿Por qué la echas de menos?
—Porque pasé días muy felices en ella.
—¿Y puedes volver a esa casa algún día?
—No, porque la casa ya no existe, pero puedo volver a ella en mi memoria.

B Mi tierra. Martí le cantó a su tierra y luchó toda su vida por su independencia. Escriba Ud. algo sobre su propia tierra—su ciudad, su región, su estado—y diga qué le gustaría hacer por ella.

EJEMPLO: Mi tierra es la tierra de las mesas y las cordilleras hermosas. Para mí, sus colores ocres, amarillos y rojos del amanecer son una poesía. Quiero echar mis palabras del alma antes de irme de mi tierra y quiero algún día traer más verde y azul a sus gentes infinitas.

C Exiliados. Pocas vidas son tan tristes o tan dramáticas como las de los exiliados. Investigue la vida de un(a) exiliado(a) o inmigrante famoso(a) y escriba una composición sobre él (ella).

Sugerencias: José Martí, Juan D. Perón, Ferdinando Marcos, Henry Kissinger, Gabriela Mistral, Julio Cortázar, Albert Einstein, Martina Navratilova, Mikhail Baryshnikov, Joaquín Andújar

VOCABULARIO

Sustantivos

abolladura dent
amparo protection
asa handle
asignatura homework
camión bus
capataz foreman
capota roof
cerca fence
ciervo deer
cima high part, summit
colchón mattress
comején termite
contratista foreman
corrido ballad
cosecha harvest
chocita little shanty
choza shanty
discurso speech
estrofa stanza
fila row
hoja de lata thin sheet of tin
ladrido barking
lazo rope
letra words
madrugada early in the morning
mella scratch
músculo muscle
nuevas news
nuez walnut
olla large cooking pot
pañuelo handkerchief
parra grapevine
perico parakeet
pizcador(a) picker
polvo dust
portal entrance
pupitre table, school desk
racimo bunch of grapes
recreo rest, break
rosal rose bush
sonido sound
sudor sweat
suelo floor
susto scare
timbre doorbell
trastes pots, pans, dishes
viña grapevine
volante steering wheel
zumbido buzzing

Adjetivos

cabizbajo looking down
carmín red
empapado humid, wet
encendido bright
fornido husky
gastado worn out
herido wounded
humedecido wet with tears
magullado in pain
mareado dizzy
mocho broken
natal native
oliente smelly
pesado large
roído gnawed
sofocado excited

Verbos

acarrear to take, to haul
advertir to warn
agarrar to grasp
alejarse to go away
alzar to raise
amarrar to tie, to secure
apearse to get off (a bus)
apresurar to run fast, to hurry
brincar to jump
derramar to spill
deslizar to slip
detener to stop
disminuir to reduce
echar to take out
ensabanar to cover
escoger to choose
esconderse to hide away
estremecer to tremble
masticar to chew
mudarse to move
pertenecer to belong
pizcar to pick, to harvest
rascar to scratch
recoger to pick
señalar to indicate
sujetar to fasten
tender to stretch out (one's hands)
tragarse to gobble down
volverse to turn

Adverbios

apenas hardly

Expresiones idiomáticas

aguar to begin to cry
a la cuenta for the same reason
a mí me caía bien I liked it
hacérsele un nudo en la garganta a uno to have a lump in one's throat
echar mi suerte to share my destiny
no pegar los ojos to not be able to sleep
palmo a palmo part by part
ya hes horra it's time to go home *(ya es hora)*

A

abanico hand-held fan 5
abolladura dent 10
abstracción concentration 8
acarrear to take, to carry 10
acechar to spy 7
acera sidewalk 2
acero steel 1
acrecentar to enlarge 3
actualmente nowadays 3
actuar to act out 8
adelante ahead 4
ademán gesture 4
adrede on purpose 7
a duro five pesetas apiece 6
advertir to warn 10
a escondidas hidden 7
aferrarse to grasp 8
afirmar los talones to brace one's heels 8
afligir to sadden 3
agarrar to grasp 10
agitar to awaken 7
agradecimiento appreciation, thanks 7
agregar to add 3
agriamente bitterly 9
aguamanil sink 8
aguar to begin to cry 10
aguardar to wait for 4
ahorrar to save 6
ajeno next 4
a la cuenta for the same reason 10
alas wings 4
a la vez que while 4
alcalde mayor 8
al día up-to-date 5
alejarse to go away 10

alforja saddlebag 9
alimento food 3
alivio relief 4
alma soul 5
almacenar to store 3
almendrado tasting like almonds 3
a lo sumo at the most 3
alzar to raise 10
allanar to facilitate, to make easy 7
amaestrado trained 6
amanecer dawn 2
amanecer tibio to begin the day with a little heat 8
amargo bitter 3
amarrar to tie, to secure 10
ambiente environment 4
a mí me caía bien I liked him 10
amohinarse to get angry 7
amparo protection 10
amuleto good-luck charm 4
anaquel shelf 3
anhelante anxious 2
antes que nada before anything else 4
anuncio advertisement 1
apagar to turn off 4
aparear to match 1
a partir de starting with 3
apearse to lower 10
apenas hardly 2
a pesar de que in spite of the fact that 6
apoyo support 2
aprendizaje learning 1
apresurar(se) to run fast 10

apretado tight 7
apretón squeeze 2
aprobado approved 4
apurado hurried 4
apuro hurry 4
armario closet (armoire) 6
arrugado wrinkled 9
asa handle 10
asignatura course 1; homework 10
asomar to appear 7
asunto thing, problem 6
atado pack of cigarettes 4
atónito astounded 7
atrás looking back 9
a través de throughout 6
atravesar to cross 4
atreverse a to dare 6
aumento de sueldo a (salary) raise 6
autoestimación self-respect 6
auxiliado helped 4
ave bird 3
ave nocturna night person, "night owl" 8
averiguar to find out 2
avestruz ostrich 6
aviso advertisement 5
azabache of black color 5
azulejo (ceramic) tile 6

B

bala bullet 4
baratillo discount store 6
batido whipped, shake 3
baúl trunk 9
bermejo crimson 5

bienes things 6
bolsillo pocket 2
"bolsillos rotos" spendthrifts 6
bolsón carry-on bag 9
bombilla bulb 6
borra coffee grounds 3
botar to throw away 4
boticario(a) pharmacist 1
brincar to jump 10
buches gargle 8
buscagangas bargain seeker 6
buscar a tientas to grope for 8

C

cabizbajo looking down 10
cadena chain 4
cafetera coffeepot 3
cajero automático automatic teller 6
cajón crate 4
calado pulled down 5
calañés hat worn in the countryside 5
calavera skull 4
calentar to heat 3
calesa horse-drawn buggy 5
callado quiet 6
callo plantal corn on the ball of the foot 9
cambio exchange 6
caminante traveler 9
caminar del brazo to walk arm in arm 2
camión bus 10
campanario bell tower 9
canas gray hair 7
cancel de tela fabric screen 8
canela cinnamon 3

capataz foreman 10
capota roof (of a car) 10
caracol snail 9
caricia caress 2
cariño affection 2
carmín red 10
carne flesh 7
carrera (horse) race 4
castigar to punish 6
cauteloso light 8
ceder to give in 6
cegador dazzling 3
ceja eyebrow 5
cenicero ashtray 9
cenizas ashes 7
cerca fence 10
cette ville (French) this city 9
cielorraso ceiling 8
ciervo deer 10
cifra figure, quantity 1
cima high part, summit 10
clavar los ojos en to stare at 7
cobrar to cash 6
"cogoteo" mugging 4
cohibido troubled 4
cojín cushion 4
colchón mattress 10
colgar to hang 2
colmado full 9
colmo culmination 7
combinar to mix 3
comején termite 10
comercializado marketing specialist 1
comodidad amenity 9
cómodo convenient 1
como éstos like the latter 6
compadecido with pity 7
comprar a plazos to buy on installments 2
comprobar to verify 3
comprometido obligated 4

congelar to freeze 3
con los gallos very early 8
conmovedor touching 4
contador(a) accountant 1
contar to tell 2
contar con to take into account 3
contratista foreman 10
convivencia living together, communion of flesh and spirit 7
coquetear to flirt 5
cordal inferior lower wisdom tooth 8
correr to pass (time) 7
corrida bullfight 5
corrido ballad 10
cosecha harvest 10
costado side 4
costearse to afford 6
cráneo skull 8
crátera container for mixing wine and water 9
crecer to grow (to cultivate) 3
crecimiento growth 1
criar to raise 5
crujido cracking 8
cruzado double-breasted 4
cualquier any 3
cucharada tablespoon 3
cucharadita teaspoon 3
cuenta corriente checking account 6
cuna cradle 4

CH

chambergo hat 4
champiñones mushrooms 3
chispa spark 2
chocita small hut 10
chofer driver 4

chorrito dash 3
choza hut 10

D

darse el lujo de to afford the luxury of 9
datos information 3
de cuando en cuando from time to time 4
de chico as a boy 6
deber to owe 6
dejar de to stop 2
dejarse pisotear to let others abuse one 6
dentadura postiza dentures, false teeth 8
depende de depends on 1
deprimido depressed 5
derramar to spill 10
desabotonarse to unbutton 8
desazón anxiety 4
desconcertarse to become nervous 6
descuidarse not to watch 2
desechar to reject 4
desembalar to unpack 9
desempleo unemployment 1
desenlace conclusion (of a story or play) 4
desenredar to untangle 9
desenvolverse to manage with ease and assurance 5
desfondado crumbled (feeling) 8
deshacerse de to get rid of 9
deslizársele a uno to drop 10
desplegar to unfold 9

desplomarse to collapse 8
desprecio contempt 4
destacado highlighted 3
destemplado loud, shrill 8
desvelar to keep one up 8
detener to stop 2
deuda debt 4
deuda externa foreign debt 4
de una vez por todas once and for all 8
día del natalicio birthday 7
dibujar to draw 4
dibujo drawing 6
discurso speech 10
disminuir to reduce 10
displicente casual 8
divisa emblem 5
dolerle a uno to hurt, to ache 8, 10
doncella young woman 7
dramaturgo playwright 5

E

echar to take out 10
echar de menos to miss 4
echar mano a to take quickly 7
echar mi suerte to share my destiny 10
elegir to choose 2
embarazada pregnant 7
empapado humid, wet 10
encalado whitewashed 9
encargarse to take charge 4
encender to excite 7

encendido bright 10
encendido de rubor blushing 7
encinta pregnant 8
en conserva canned 6
encuesta survey 7
en el fondo in your heart, "deep down" 6
enjuto thin 8
en marcha running 4
ensabanar to cover 10
ensayar to experiment 3
ensayo essay 7
enseñanza teaching 1
entibiar to warm 7
entierro funeral 9
entorno environment 4
entregar to give, to deliver 6
entretejerse to get tangled 9
environs (French) surroundings 9
envoltorio baby blanket 4
errar to wander 9
escama fish scale 3
escarcha frost 3
escaso de dinero short of money 1
escena setting 4
escoger to choose 10
esconderse to hide 10
escupidera spittoon 8
espada sword 3
espantapájaros scarecrow 5
especialización major 1
espejo mirror 4
esperanza hope 2
espeso thick 3
espumoso foamy 3
estado central (federal) government 1
estafado cheated 6
estallar to burst 4; to explode 7

estar de acuerdo to agree 2
estela wake (of a ship) 9
estirado stilted 4
estirar to stretch 8
estragado destroyed 9
estrechar to squeeze 2
estremecer to tremble 10
estrofa stanza 10
estufa heater 6
evitar to avoid 2
exigencia demand 6
éxito success 5
expediente file (grades, etc.) 1

F

facultad school (in a college or university) 1
falla float 5
fastidio bother 9
feria fair (festival) 5
fíar a to base on 7
fila row 10
flebitis phlebitis 9
fornido fat 10
frasco jar 2
fregar to scrub 3
fresa dental drill 8
fruncir el entrecejo to frown 9
fuerza laboral work force 1
fugaz fast 7

G

gabinete office 8
gallinazo buzzard 8
gastado worn out 10
gatillo dental forceps 8
gaveta inferior bottom drawer 8
Gemeinderat (German) city council 9
gente de brega bullfighter's assistants 5
goma rubber 4

graduarse to graduate 1
gratuitamente free of charge 7
gramófono old-fashioned phonograph 6
granizo hail 3
gratuito free 1
grueso big 7
guerra war 2
gusano de seda silkworm 6
gusto taste 3

H

habilidad skill 1
hablar hasta por los codos to talk a lot 5
hacer:
  hacer girar to roll 8
  hacer un cheque to write a check 6
  hacer una oferta to offer a deal 6
hacerse to become 2
hacérsele un nudo en la garganta a uno to have a lump in one's throat 10
hada fairy 3
hallar to find 6
harina flour 3
harto (de presenciar) sick (of witnessing) 9
hecho fact 2
helar to freeze 7
herido wounded 10
herramienta tool 6
hervir to boil 3
hinchado swollen 8
hipódromo racetrack 4
hito landmark 7
hocico snout 5
hoja de lata thin sheet of tin 10
homenaje homage 4
horarios schedule 8
hormiguita small, hardworking ant 6

hornillo portable stove or furnace 6
huella track 9
huerto vegetable garden 3; orchard 9
huir to flee 2
humedecido wet with tears 10

I

importar to matter 6
no importa cuánto no matter how much 6
incansable untiring 4
inclinar to lean 8
incunable book dated before 1500 6
infusión de menta mint tea 8
ingeniería engineering 1
inquisición investigation 7
invertir to invest 6

J

ja (German) yes 9
jaca old nag pony 5
jadeante panting 8
jinete rider 9
jornalero day worker 3
jirón shred 3
junto a next to 3

L

ladera slope 3
ladrido barking 10
lágrima tear 7
lastimar to hurt 5
lazo rope 10
lectura reading 1
lentejuelas sequins 5
letra words of a song 10
letrero sign 6
leve slight 4
ligeramente slightly 3
locura crazy thing 6
lograr to obtain 6

lograr revivir to make true again 7
logro achievement 6
luchar to fight 6
lujo luxury 9
llamativo loud (referring to clothes) 5
llano plain 9

M

madrugada early in the morning 10
madrugador(a) early riser 8
magullado in pain 10
manchado spotted, stained 2
manejar to handle 6
manguera hose 10
manopla mitten 2
manotazo hard blow with the hand 8
manta blanket 6
manto cape 2
marchito tired 8
mareado dizzy 10
mas but 7
más a menudo more often 5
masticar to chew 10
mate green tea from the Argentine plains 9
materia course, subject 1
matrícula tuition 1
mayoría majority 1
mejilla cheek 2
mejor all the better 8
mella scratch 10
merecer to deserve 6
mero simple 6
metáfora metaphor 3
micro microbus 4
miel honey, syrup 3
migaja crumb 6
mio caro (Italian) my dear 9
mirarse to look at oneself 4
mirra myrrh 7

mocho broken 10
molinillo (coffee) grinder 3
montaraz uncivilized, primitive 4
montón heap, pile 4
montón de a lot of 2
mudarse to move 10
muela molar 8
muela del juicio wisdom tooth 8
muelle dock 4
muleta red cloth draped over a rod used by bull-fighters 5; crutch 6
multa fine 9
municipio municipality 8
músculo muscle 10
mustio unresponsive 7

N

nácar mother-of-pearl 6
natal native (land) 10
nene baby 4
nevado snowy 3
niebla fog 2
nivel level 4
no obstante nevertheless 3
no soltar ni un suspiro to hold one's breath 8
novato beginner 1
novedades "the latest" rumors 5
noviazgo courtship 7
nudo lump 10
nuez nut 3; walnut 10
nuez moscada nutmeg 3

O

oculista eye doctor 1
ojeada glance 4
óleo oil painting 6
oliente smelly 10

olla big cooking pot, kettle 10
oxidado rusty 6

P

padres parents 2
pagar a plazos to pay on installments 2
paladar palate 3
palmo a palmo part by part 10
palta (aguacate) avocado 3
pantalla screen 9
pañuelo handkerchief 10
paradoja paradox 4
parar to stop 2
parecido similarity 5
parra grapevine 10
particular private 1
parto labor 2
pasar to spend (time) 8
pasarlo bien to have a good time 2
pase lo que pase whatever may happen 2
pastel cake, pastry 3
patente evident 7
pecar de celoso to be too jealous 6
pedestrismo hiking 7
pegarle un tiro a uno to shoot someone 8
(no) pegar los ojos to sleep 10
pegarse to stick (to something) 3
perder de vista to lose sight (of) 8
perico parakeet 10
periódico regular 1
periodista journalist 1
personaje character 4
pertenecer to belong 10
pesado large 10
peste epidemic 4
picado chopped 3

piedad shame, pity 7
pieza room 4
piezas teeth 8
pimpollo "spring chicken" 7
pisar to tread 9
pinzas tongs 8
pizcador(a) picker 10
placentero pleasant 7
placer pleasure 3
platicar to chat 2
platino platinum 3
plazo installment 1
pluma feather 3
poder power 6
polvo dust 10
polvoriento dusty 8
pomo de loza porcelain jar 8
ponerse al día to make up the time 8
ponerse encarnado to blush 7
por doquier everywhere 5
por mi parte in my opinion 2
portal entrance 10
pozo well 9
precepto rule 7
preciso: es preciso it is necessary 3
prender fuego to set on fire 5
presión alta high blood pressure 8
principiante beginner 1
profesionista professional 1
prójimo fellow man 7
promover to promote 1
prueba test, exam 1, 4
pública state financed 1
puente (dental) bridge 8
pulgada inch 3
puñado fistful 8
pupitre school desk 10

Q

quello cimitero (Italian) that cemetery 9

quinceañera fifteen-year old girl 9

R

racimo bunch of grapes 10

raíz root 6

ramo bouquet 4

rascar to scratch 10

rasgo trait, feature 4

rayar to write 4

rebajar to reduce (in cost) 3

recelo mistrust 7

recoger to pick 10

recorte clipping 6

recreo rest break 10

recursos resources 1

rechazar to reject 4

rechazo rejection 6

rechifla hissing and booing 4

red screen 8

redoma laboratory flask 3

regar to sprinkle 3

retrato portrait 7

riesgoso risky 6

rincón corner 2

rocío dew 3

rodar to pull, to roll 8

roído gnawed 10

rosal rose bush 10

rostro face 4

rótulo sign 6

rozar to lightly touch or tap 5

S

sabor flavor 3

saltar a la vista to be self-evident 4

santito saint's card 6

sede center 4

seguir fracasando to continue to be a failure 6

se ha de you are to 9

semanal weekly 3

semilla seed 3

semítico Jewish 7

sencillo simple 5

senda path 9

seno breast 3, 7

sensible sensitive 5

sentir to hear, to feel 2

seña sign 4

señalar to indicate 10

SIDA (síndrome de inmuno-deficiencia adquirida) AIDS 5

sifón de selt seltzer siphon bottle 6

sillón de resortes old desk chair 8

sí mismo himself, herself, yourself, oneself 6

siquiera even 4

   ni siquiera not even 6

sobre sí self-conscious 7

sofocado upset 10

soler to usually + verb 3

solicitud application 1

someterse to subject oneself 4

sonido sound 10

soñar to dream 5

sordo deaf person 8

sorprender to surprise, to "catch" 7

sosegado calm 7

souviens pas (French) you don't remember 9

suceder to happen 2

suceso event 5

sudor sweat 10

sudoroso sweaty 8

suelo floor 10

sujetar to hold 10

surco furrow 10

(no) surtir efecto to (not) have effect 6

surtido assortment 3

susto scare 10

T

tallo stem 3

tamaño size 6

tan sobre sí so careful 7

tapiz tapestry 6

telaraña spider web 8

temblar to shake 7

tender to stretch out (one's hands) 10

tener prisa to be in a hurry 2

ternura tenderness 7

tibieza tranquility 7

tiempo weather 2

tijeritas small scissors 6

timbre doorbell 10

tirarse encima to spill something on yourself 2

títere puppet 5

todo el mundo everyone 2

toreo bullfighting 5

torero(a) bullfighter 5

toro bull 5

torpeza clumsiness 4

tragarse to gobble down 10

trago swallow 3

traje dress 2

trama plot 4

trampa trap 6

transbordador shuttle 1

trapo rag 8

tras after 1

trastes pots, pans, dishes 10

trenza braid 2

tresillo set of sofa and two chairs 6

trigo wheat 4

turbado troubled 4

U

umbral doorway 8

unirse to join 4

uña nail 2

V

vacilante unsteady 4

vacío empty 4

vaina: la misma vaina the same thing 8

vale la pena it is worth the trouble 1

valeroso brave 9

valga decir that is to say 1

valija suitcase 9

velo veil 7

verduras vegetables 3

vergüenza embarrassment 2

verso line (in a poem) 2

vertir to pour 3

vidriera glass case 8

vientre belly 3

viña grapevine 10

visillo veil or lace curtain 6

víspera eve 5

vitrina shop window 4

volante flyer 3; steering wheel 10

volver a to (do something) again 9

   volverse to turn 10

volver la vista atrás to look back 9

Y

ya hes horra it's time to go home 10

ya no cabe un alfiler there is no room for anything 9

ya que since 1

yeso plaster 5

Z

zaíno treacherous 5

zumbido buzzing 10

Index

PHOTO CREDITS

PERMISSIONS

p. 5   Description of careers reprinted from the catalogue of Universidad de Santiago de Chile.

p. 13   Illustration reprinted from a flier published by Centro de información de educación superior, Boston, Massachusetts.

p. 35, 189   Greeting cards produced by Parachrome, © Paramount Cards, Inc., USA.

p. 48, 51, 52, 92, 109, 111, 145, 149   Magazine articles courtesy of A. de Armas Publications Company.

p. 69   Cartoon reprinted from *Rumbo,* año 11, No. 139, 26 de junio a 2 de julio, 1987, p. 2, Costa Rica.

p. 90   Television listing reprinted from *Tele-Guía,* June, 1987, No. 1819, p. 28, Mexico.

p. 115   Company logo from Galerías Preciados, Spain.

p. 128   Television listing reprinted from *El Día,* June 28, 1987, p. 20, Mexico.

p. 152   Illustration reprinted from *Los hombres también sufren,* August, 1986 published by El Libro Semanal, Mexico.

p. 158   Cartoon by Quino reprinted from *A mí no me grite,* 1983 edition with permission from Quipos. © Quino.

p. 167   Material on Content Mapping provided by J. Penny Wheeler and Steven M. Cunningham of Ferris State University.

p. 186, 192   "Cajas de cartón," by Francisco Jiménez. © 1977 by *Bilingual Review/Revista Bilingue* (Hispanic Research Center, Arizona State University). Reprinted by permission.